MÉMOIRE

POUR Dame ANNE-ROSE CABIBEL, *veuve* CALAS, *& pour ſes* ENFANS.

REQUÊTES DE L'HÔTEL AU SOUVERAIN.

IL n'exiſte donc plus ce Jugement terrible qui offenſoit la Juſtice & dégradoit la Nature ! Deux Arrêts ſolemnels rendus avec le plus profond examen, avec le plus auguſte (1) concours, avec la plus honorable unanimité, ont porté d'avance dans tout le Royaume & dans l'Europe entiere la juſtification d'un pere malheureux, ont appris aux Nations étrangeres que parmi nous l'innocence méconnue devient la cauſe de tous les Citoyens, & que le Prince lui-même daigne lui préparer des vengeurs.

Quels vengeurs que des Juges qui, déja deux fois inſtruits par le rapport (2) le plus lumineux,

(1) Il y avoit quatre-vingt-ſix Juges lors du dernier Arrêt.

(2) Fait par M. Thiroux de Croſne, Maître des Requêtes.

ont connu toutes les parties de cette affaire, en ont saisi toutes les faces, & n'ont plus qu'à suivre aujourd'hui cette conviction, qui, lors même qu'ils n'avoient à prononcer que sur la forme, pénétroient leurs ames de l'innocence des accusés, & entraînoit leurs suffrages !

Aussi ne reprendrons-nous point devant eux ce Procès immense, dans lequel jusqu'à cent quarante-neuf témoins ont été entendus. Les examens déja faits par ces Magistrats éclairés, les connoissances qu'ils y ont prises, nous rendent cette discussion superflue. Elle seroit même, disons-le hautement avec cette persuasion que la vérité nous inspire, elle seroit une injure pour la mémoire de cet homme de bien, que la pureté de sa vie, que l'héroïsme de sa mort défendent bien mieux que nos discours : elle seroit une injure pour cette famille vertueuse, qui, des extrémités du Royaume, & même du sein d'une Domination étrangere (3), est venue demander à son Roi, pour toute grace, des prisons & des fers.

Mais nous voulons seulement saisir dans cette affreuse affaire quelques points frappans qui soient comme autant de traits de lumiere, & qui con-

(3) Geneve, d'où Pierre Calas est parti pour venir se mettre en prison avec sa mere & les autres accusés.

firmant encore la certitude d'une innocence avérée, montrent à nos Concitoyens & à nos Juges jusqu'où le fanatisme a porté ses excès. Puissent ces excès mêmes, médités de sang froid, détruire à jamais son empire, & l'infortuné Calas être dans ma Patrie sa derniere victime ! Puisse ce tableau faire couler les pleurs de celui qui a causé tant de maux, & le porter à expier de lui-même (si quelque réparation le peut faire) ses persécutions contre une famille dont la ruine est son ouvrage !

PREMIERE PREUVE.

Marc-Antoine Calas étoit vraiment Protestant lors de sa mort, & n'avoit jamais été maltraité par ses parens pour cause de Religion.

Cette proposition toute seule, présentée en preuve, annonce quel esprit a dirigé toute l'accusation; car, que Marc-Antoine fût ou Protestant, ou prêt à devenir Catholique, quelle conséquence peuvent tirer des hommes raisonnables, d'un changement de croyance à un parricide ?

Toutefois l'hypothese que Marc-Antoine a été assassiné en haine de sa conversion prochaine, a été la base de toute l'instruction contre les accusés.

Les questions qui leur furent faites d'office à l'Hôtel-de-Ville, en offrent une premiere preuve. Une autre résulte de l'article premier du *brief intendit* donné par le sieur Pimbert, Avocat du Roi en la Jurisdiction des Capitouls, qui porte: « Si les témoins savoient, pour avoir vu ou en- » tendu, que le sieur Calas pere & son fils cadet » sachant que son fils Marc-Antoine *devoit faire* » *abjuration*, l'avoient menacé dans plusieurs occa- » sions de le tuer, en lui disant qu'il n'auroit » d'autre bourreau qu'eux; SI A RAISON DE CE, » ayant conçu de l'inimitié contre lui, lesdits » sieurs Calas pere & fils cadet ne le maltraitoient » journellement ».

Enfin les articles 1, 2, 3, 4 & 7 du Monitoire font porter les prétendues souffrances de Marc-Antoine & sa mort sur cet unique fondement.

De-là il résulte que si l'on a cru pouvoir élever là-dessus tout l'édifice de l'accusation, en renversant ce fondement chimérique, l'accusation tombe du même coup.

Or que Marc-Antoine fût vraiment Protestant, c'est ce dont le Procès & les faits articulés offrent les preuves positives & négatives les plus incontestables.

PREUVES POSITIVES.

Marc-Antoine n'avoit pu finir ſon Droit par défaut d'un certificat de catholicité ; n'ayant pu l'obtenir du Curé (4) de ſa Paroiſſe, il avoit eſſayé de ſe le ménager par quelques actes apparens, mais jamais par aucun acte de confeſſion & de communion.

De tels actes lui répugnoient tellement, qu'il avoit renoncé au parti du Barreau pour prendre celui du Commerce ; ſur quoi même il y avoit eu une propoſition de ſociété entre lui & le ſieur Leroux, Marchand à Uzès, en Juillet & Août 1761.

Au mois de Juillet 1758 il avoit (5) aſſiſté à une aſſemblée Proteſtante près de Mazamet, il y avoit préſenté un enfant qui fut baptiſé par un Miniſtre ; il y avoit auſſi fait la Cene.

A Noël 1760 il aſſiſta (5) à une ſemblable aſſemblée à Braſſac.

Le 18 Janvier 1761, Marc-Antoine écrivant au ſieur Cazeing, lui parloit avec indiſpoſition ſur

(4) Voyez la réponſe de ce Curé à une ſommation préciſe qu'on lui fit pour ſuppléer l'omiſſion de l'avoir fait entendre.

(5) Faits juſtificatifs articulés. Faits prouvés au Procès.

la converſion de ſon frere : « NOTRE DÉSERTEUR, » lui diſoit-il, nous tracaſſe ; il veut faire contri- » buer, & il agit par force : ceci ſoit dit entre » nous ».

Au mois de Juin 1761, Marc-Antoine s'étant trouvé chez le ſieur Chalier, Avocat, ſon ami particulier, avec le ſieur Chalier, Prêtre, frere de celui-ci, la converſation s'engagea ſur la Religion ; le Prêtre lui fit les argumens les plus forts : mais jamais Marc-Antoine (qui eût pu cependant s'ouvrir en ſûreté avec eux) *ne voulut convenir de rien.*

Vers ce même tems un Magiſtrat du Parlement de Toulouſe (6), auteur de la converſion de ſon frere, ayant voulu entreprendre la ſienne, lui fit pluſieurs objections preſſantes, ſur leſquelles Marc-Antoine demanda à réfléchir mûrement ; puis il revint quelque tems après lui déclarer que le fruit de ſes réflexions avoit été de l'affermir plus fortement dans la foi de ſes peres.

Le même mois de Juin 1761, Me Baux, qui venoit de ſe faire recevoir Avocat, lui ayant demandé s'il n'en feroit pas bientôt autant, Marc-Antoine répondit « qu'il regardoit la choſe comme » impoſſible, ÉTANT TROP CONNU ; & QUE NE

(6) M. de la Motte, actuellement à Paris.

» VOULANT PAS FAIRE DES ACTES DE CATHOLI-
» CITÉ, IL Y AVOIT RENONCÉ ».

Au mois de Juillet 1761, Marc-Antoine assista à un enterrement Protestant hors des murs de Toulouse ; & naturellement plein de feu, il prit de cette cérémonie l'occasion d'une très-forte exhortation qu'il fit sur le champ à tous les assistans sur l'excellence de leur croyance.

En différens tems Me Chalier & Marc-Antoine s'étant entretenus de Religion, celui-ci en avoit parlé avec tant d'enthousiasme, qu'il avoit été jusqu'à dire que « *les Ministres étoient bien heureux* » *de mourir pour leur Religion, qu'il envioit leur* » *sort*; que souvent le dessein lui étoit venu d'aller » à Geneve pour se faire recevoir Ministre, & » revenir ensuite expirer sur un échaffaut, en prê- » chant les Religionnaires du Royaume ».

Le 28 ou le 29 Septembre 1761, quatorze jours seulement avant sa mort, étant venu voir Maître Chalier, au sujet du départ d'un ami commun, il lui parla de quelques jeunes gens de commerce qui passoient pour aller à la foire de Bordeaux; lui dit qu'ils étoient fort heureux, qu'il n'en étoit pas de même de lui qui ne pouvoit rien faire, son pere ne pouvant ni lui donner des appointemens, ni l'associer à son commerce trop borné, ni le mettre en société avec d'autres. Me Chalier lui ayant dit qu'à sa place il sauroit forcer son pere de lui donner satisfaction de façon ou d'autre : « par quel expédient, lui dit Calas ? » Je me ferois Catholique, lui répond son ami, » ou je ferois menacer mes parens de me le faire. » Je ne prendrai pas ce parti, lui répliqua triste- » ment Calas, mais j'en prendrai un autre que je » mettrai à exécution ».

Enfin c'étoit Marc-Antoine qui dans les Prieres de famille suppléoit son pere, en récitant lui-même les Pseaumes & l'Evangile, en lisant les sermons & les instructions qui forment le culte Religieux parmi les Protestans privés de culte extérieur. Peu de jours encore avant sa mort il avoit rempli ce ministere.

Voilà par quelle chaîne de *Preuves positives* nous arrivons jusqu'aux derniers jours de Marc-Antoine. Plus les tems sont voisins de sa mort, plus ces preuves se trouvent fortes & multipliées, comme si la Providence eût elle-même voulu préparer la défense de cette famille infortunée.

PREUVES NÉGATIVES.

Les preuves *Négatives* ne sont pas moins concluantes ; car observons ici que, suivant l'accusation, non-ſeulement Marc-Antoine devoit ſe faire Catholique, mais qu'il devoit encore faire ſon abjuration & ſa premiere communion tout-à-la-fois le 14 Octobre, lendemain de ſa mort.

Or voyons s'il y a quelques faits d'abjuration prochaine.

Bien loin qu'il y en eût aucune trace, on n'a trouvé dans ſes livres ni dans ſes papiers rien qui eût trait à la controverſe, bien moins encore à l'abjuration.

On n'a trouvé aucun Catéchiſte qui l'ait inſtruit, aucun Prêtre qui l'ait préparé à cet important événement ; il ne s'en eſt même préſenté aucun qui ait pu dire avoir eu avec lui quelques converſations deſquelles on pût l'attendre un jour.

Ni le Curé de Saint Etienne ſa Paroiſſe, Egliſe où ſon abjuration & ſa premiere communion auroient dû ſe faire, ni aucun autre Curé de Toulouſe, ni aucun Supérieur de Maiſon Religieuſe, n'ont été prévenus ſur les diſpoſitions que devoit entraîner cette cérémonie.

Il ne s'eſt trouvé aucun Confeſſeur qui l'ait entendu en confeſſion. Le ſieur Laplagne avoit cru d'abord qu'il pourroit l'avoir entendu, en quoi il ſe trompoit évidemment, 1°. parce qu'il diſoit avoir entendu un jeune homme de vingt-deux ans aux fêtes de Noël 1760, Pâque & la Pentecôte 1761 : or Marc-Antoine n'étoit pas dans le cas de se confesser aux grandes fêtes annuelles; une confession générale pour préparer une abjuration, eût été faite avec plus de continuité. 2°. A Noël 1760 il étoit à Brassac dans une assemblée Protestante : aussi les Pénitens du sieur Laplagne lui ayant tous certifié qu'ils n'avoient jamais vu ce jeune homme à son Confessionnal, il a reconnu l'erreur de sa conjecture, & l'inspection du cadavre a achevé de le détromper, *après avoir*, dit-il, *pris tous les moyens possibles pour éclaircir ce fait.*

On avoit répandu que le Pere Pochat, Franciscain, ou le Pere Seranne, Jésuite, ou le Sous-Prieur des Trinitaires, l'avoient confessé : tous trois assignés en déposition, l'ont nié.

On avoit allégué qu'au moins il avoit un Confesseur, soit dans la maison des Jésuites, soit dans celle des Trinitaires : on a fait entendre en déposition tous les Prêtres de ces deux Maisons; il ne s'en est trouvé aucun qui l'ait confessé.

Dix-sept Prêtres ont été entendus dans ce Procès; nul n'a instruit Marc-Antoine, nul n'a dit avoir vu en lui des dispositions, même éloignées, à l'abjuration.

Enfin le jour même de sa mort, ce jour de

ecueillement & de prieres, qui devoit préparer pour le lendemain une abjuration & une communion solemnelles, il passe une partie de la soirée au billard (7), & ses amusemens sont des vers obscenes, des chansons lascives qu'on trouve dans ses poches, mais dont le sieur David jugea à propos d'éviter la description, en les traitant dans son verbal de *papiers inutiles*.

Qu'opposera-t-on à ce concours si frappant de preuves négatives & positives, qui établissent si démonstrativement le Protestantisme de Marc-Antoine ?

On nous opposera quelques ouï-dire misérables; mais ces ouï-dire, qui par eux-mêmes ne pourroient faire preuve, ne deviennent-ils pas au contraire une preuve de plus pour les accusés, quand on les trouve à l'instant démentis par les témoins qui se trouvent cités dans ces vains discours ? C'est ainsi que le Pere Pochat, Franciscain, & le Pere Seranne, Jésuite, ayant été indiqués par quelques témoins pour avoir confessé Marc-Antoine, ont détruit tout-à-coup ces fausses imputations par leurs propres dépositions. C'est ainsi que vingt autres

(7) Ce billard s'appelle *les quatre Billards*. Voir la déposition du Peintre *Matthei*. Marc-Antoine y fit une perte assez forte dans plusieurs parties consécutives. On n'a point retrouvé l'or qu'il avoit.

témoins (8) ont désavoué, ont confondu ceux dont la témérité avoit osé les associer à leurs visions ou à leurs mensonges.

On nous opposera que Marc-Antoine avoit assisté à des Sermons, à des Saluts, même à des Messes en musique ; & nous répondrons que le desir de surprendre par ces actes extérieurs un certificat de Catholicité (desir auquel il renonça dans les derniers tems), que sa passion connue pour la Musique, que son goût pour l'appareil des cérémonies, que d'autres motifs peut-être l'ont attiré à ces fêtes (comme on l'est tous les jours dans

(8) La Demoiselle Brandela a démenti par son silence la femme Serres.

La nommée Vilospé a démenti la femme Catala.

Le sieur Pagis, la veuve Massalenc.

Un garçon du sieur Durand, la veuve d'André.

Le sieur Placide Pochat, le sieur Bordes.

Le sieur Claria, Françoise Rey.

Le sieur Delpech, Françoise Rey.

Antoine des Champs, la servante du sieur Durand.

Le sieur Blari, Marie-Anne Serres, femme Baussade.

Le sieur Nozieres, le nommé Fremond.

Le sieur Saladin, la femme Martin.

Le sieur Bruyere, le nommé Terrery.

La servante du sieur Cazeing, celle du sieur Bienaise.

Le sieur Bordet, le sieur Guillaume Fabre.

La Dame Lormand, la Demoiselle Marsalenc.

Le sieur Bruyere, la Demoiselle Romme.

Sans parler de bien d'autres désaveux moins frappans qu'on doit trouver dans ce Procès immense & si surchargé de témoins.

cette Capitale, au ſpectacle d'une pompe funebre, à descérémonies d'éclat, à des prédications intéreſſantes), ſans que de telles actions euſſent trait à la Religion; mais perſonne ne nous dira qu'il ſe ſoit confeſſé, qu'il ait communié, qu'il ait été diſpoſé par un Prêtre à la confeſſion ou à la communion : & voilà vraiment les actes diſtinctifs entre les deux cultes.

Voyons néanmoins, ſur le fait d'une abjuration prochaine de Marc-Antoine, les dépoſitions les plus marquantes, & examinons ſi elles peuvent ſoutenir le parallele des preuves de ſon Proteſtantiſme.

Suivant la dépoſition de Marie-Anne Serres, ouie par les Capitouls, Marc-Antoine avoit dit à la Demoiſelle Brandela, la veille de ſa mort, que « *le lendemain* il ſeroit bien propre, tant au dehors » qu'au dedans; qu'il auroit un habit bleu, comme » ſon frere Louis; & que, quoique ſon pere réſiſ» tât, il l'auroit néanmoins *le lendemain*, & qu'il » devoit faire *le lendemain* ſa premiere communion dans l'*Egliſe de la Trinité* ».

Voilà ſans doute une dépoſition bien préciſe; *le lendemain* y eſt indiqué juſqu'à trois fois, comme devant être le jour de la premiere communion de Marc-Antoine : l'Egliſe même eſt nommée.

Mais pour toute réponſe nous dirons, 1°. que

ni la Demoiſelle Brandela, ni le ſieur Bordes, qu'on diſoit avoir entendu ce même diſcours, n'en ont rien dit dans leurs dépoſitions ; 2°. que ni le Sous-Prieur des Trinitaires, ni aucun des Prêtres de cette Maiſon, n'ont rien dit qui eût trait à cette cérémonie, ſur laquelle cependant ils auroient dû être prévenus, puiſqu'elle devoit ſe faire en leur Egliſe ; 3°. que ni le ſieur Bou, Tailleur de la famille Calas, ni aucuns autres, n'ont parlé d'un habit bleu, ni d'aucun autre habit qui fût commandé pour Marc-Antoine ; 4°. que la dépoſition de la femme Serres, trouvée d'abord ſi forte & ſi préciſe, a paru ſi foible, que le Parlement n'a pas voulu la faire entendre.

Une autre dépoſition eſt celle de la femme Lezat, Blanchiſſeuſe, ci-devant nourrice de Marc-Antoine, qui a dépoſé « qu'environ un mois & » demi avant ſa mort il l'invita à venir dîner avec » ſes parens (9), que ſa mere n'en ſeroit pas » fâchée, & qu'il ajouta : *Felicitez-moi, je me* » *fais de votre Religion, priez Dieu pour moi* ; » qu'elle fut de ſon propre mouvement dépoſer ce » fait à l'Hôtel-de-Ville, ſur les degrés duquel

(9) La dépoſition eſt en ces termes de familiarité : *D'où vient que vous ne venez jamais nous voir au logis & manger la ſoupe ?*

» elle

» elle trouva trois femmes qui la firent conduire » dans le petit Consistoire, devant un Capitoul » qu'elle ne pourroit pas reconnoître ».

Sans relever ici combien ce fait, placé un mois & demi avant la mort, est contradictoire avec les faits personnels à Mes Chalier & Baux, Avocats ; au sieur Chalier, Prêtre (témoins préférables à une Blanchisseuse), & avec l'enterrement du mois de Juillet 1761 ; ne suffit-il pas de l'invraisemblance qu'une femme d'une si basse condition fût invitée à venir manger avec des citoyens d'un état honnête, tels que les sieur & dame Calas ; qu'elle fût invitée à venir manger chez une mere qui lui avoit ôté son enfant avec un juste mécontentement, & qui avoit été alors accablée par cette nourrice d'injures & d'imprécations, dont même celle-ci lui demanda pardon à la confrontation ?

Quelle foi d'ailleurs mérite un témoin qui va s'offrir de lui-même pour déposer, & qui par ce fait seul doit, suivant tous les Criminalistes, être rejetté : *Testis se offerens repellitur à testimonio ?*

De plus, puisqu'elle prétend que trois femmes de Toulouse l'ont fait conduire au petit Consistoire, où sa déposition a été écrite, comment cette déposition ne se retrouve-t-elle point ? Comment aucune de ces trois femmes qu'elle nomme, n'aura-t-elle indiqué dans la suite de cette instruction, ni ce Capitoul, ni aucun Valet-de-ville, ni aucune autre perſonne qui ait conduit vers lui cette Dépoſante ?

Enfin cette femme a été reprochée à la confrontation par la Dame Calas, reproche dont elle-même a reconnu la juſtice *en lui demandant pardon*. Or tombe-t-il dans l'eſprit qu'un jeune homme bien né allât ſans néceſſité jetter, pour ainſi dire, ſon ſecret, un ſecret important, à la tête d'une Blanchiſſeuſe chaſſée de ſa maiſon, tandis qu'il n'en auroit fait aucune confidence à ſes amis, anciens Catholiques, faits par leur état & leurs lumieres, pour le guider & le ſervir ?

La nommée Dolmieres, Couturiere, s'eſt miſe auſſi ſur les rangs, & a dépoſé d'une confidence ſemblable qu'elle prétend lui avoir été faite par Marc-Antoine le 12 Octobre, veille de ſa mort; confidence dont le détail, très-long, eſt déja rapporté dans les Mémoires (10.) Celui qui vient de paroître réfute cette dépoſition avec tant de ſolidité, qu'il ne ſemble pas poſſible d'y rien ajouter. Obſervons ſeulement que, ſuivant cette dépoſition, Marc-Antoine devoit ſe confeſſer le Mardi (13 Octobre), qui étoit le lendemain, & faire ſa premiere communion le Mercredi. Or préciſement ce jour 13 Octobre fut le jour de ſa mort, & il

(10) *Voyez* le dernier Mémoire de Me Mariette, p. 13.

eſt prouvé au Procès qu'il ne s'eſt confeſſé ni ce jour-là, ni aucun autre. De plus, comment pouvoit-il dire qu'il communieroit le Mercredi ? D'où tiroit-il cette certitude ? Quel eſt le Confeſſeur qui voulût prendre ſur lui d'envoyer dès le lendemain de la confeſſion à la Table ſainte, un jeune homme de vingt-huit ans, plein de paſſions vives, & qui ſeroit encore dans les épreuves du Cathécumenat ? Sont-ce là les regles, les maximes de l'Egliſe ?

Enfin le ſieur Laplagne & le ſieur Tenade ne purent diſtinguer les traits du cadavre, tant il étoit changé & défiguré. Comment cette femme, *qui ne le vit que pluſieurs jours aprés eux*, auroit-elle pu le reconnoître ?

Mais, ce qui tranche en un mot, cette malheureuſe ſe donne *pour avoir été de la Religion Proteſtante.* C'eſt ſur cette conformité avec Marc-Antoine, qu'elle fait rouler toute la fable de ſa dépoſition, & qu'elle y répand un air de confiance & d'intérêt l'un pour l'autre, qui en couvre mieux le venin. Or cette calomniatrice eſt née catholique, de pere & mere catholiques, qui l'ont élevée catholique. Le fait eſt prouvé au Procès, & dès-lors la réponſe à la dépoſition venale & fauſſe de cette miſérable, eſt un échaffaut.

Voilà néanmoins ſur quelles allégations on conclut hardiment le Catholiciſme de Calas, &

de ce Catholicisme un parricide ! Voilà sur quels respectables témoignages on lui décerne les honneurs du martyre & la couronne de l'immortalité ! Mais n'anticipons point en ce moment sur ces scenes coupables, & suivons seulement la marche de la prévention qui les prépare.

Le premier mouvement de cette prévention cruelle, fut de porter le sieur David à tout ce qui pouvoit la faire naître & l'appuyer dans les autres. De son chef & sans aucune provocation du dehors, il arrache les Calas à leur douleur, il repousse les représentations de son Collegue, *il prend tout sur son compte* ; & sous prétexte de demander des *éclaircissemens* qu'il eût bien mieux trouvés sur le lieu même, il les fait conduire à l'Hôtel-de-Ville, vers lequel ils suivent à pas lents le cadavre de leur fils & de leur frere.

Ce fut cette marche irréguliere qui, par cela même qu'elle étoit inutile pour de simples *éclaircissemens*, parut offrir à tous les esprits, d'un côté le corps du délit, & de l'autre les coupables. Ce fut cette marche qui suivie d'un prompt emprisonnement, occasionna elle-même les soupçons, en fit chercher avidemment les causes, & répandit ces rumeurs, ces dépositions de conversion, qui sembloient propres à excuser une précipitation si téméraire.

Ce n'étoit pas encore assez que d'annoncer cette conversion prochaine ; il falloit des faits intermédiaires, qui pussent montrer quelque rapport (s'il en exista jamais) entre la conversion d'un fils & son assassinat par un pere : & ces faits devoient être sans doute de mauvais traitemens éprouvés par Marc-Antoine, *en haine de sa future abjuration.*

C'est à quoi ne manquerent pas les artisans de ce systême : les *intendits* du sieur Pimbert, les chefs du Monitoire en sont une sanglante preuve. On chercha de la part du sieur Calas pere, de mauvais traitemens dont Marc-Antoine eût été l'objet direct ; on en chercha d'autres de sa part contre Louis son fils converti, afin d'établir, s'il est possible, de mauvais traitemens contre Marc-Antoine, *par des inductions & des argumens de parité.* Systême incroyable, réservé à nos jours ! On disoit : Marc-Antoine alloit se faire catholique : Louis, devenu catholique, a été maltraité par son pere : donc Marc-Antoine a pu l'être aussi : donc il l'a été : donc il a pu être assassiné : donc il l'a été par son pere ; & c'étoit sur cet horrible enchaînement de conjectures entassées, qu'on dressoit l'échaffaut du meilleur des peres.

Mais sa bonté même pour Louis son fils, fut l'écueil de toutes ces calomnies : elle dut l'être du moins ; car rien ne met dans un plus beau jour le cœur de ce vertueux pere, que cette partie du Procès qui concerne sa conduite envers ce fils converti. Non-seulement il fit remettre les habits & effets de son fils, avec l'argent nécessaire, mais il concerta de son plein gré avec M. l'Archevêque de Toulouse & M. le Procureur Général, la dépense de l'apprentissage de son fils dans une maison de commerce : non-seulement il lui fixa une pension (ce que ses facultés ne lui permettoient pas d'accorder à ses autres enfans), mais il lui donna encore une somme 600 livres pour payer ses dettes de dissipation & de jeunesse. « Pourvu que la con-» version de mon fils soit sincere, disoit-il à » M. de la Motte, Conseiller au Parlement, je ne » peux la désapprouver, parce que de gêner les » consciences, ne sert qu'a faire des hypocrites » qui n'ont aucune religion ». Et s'étant abouché avec son fils chez le sieur Borel, Capitoul, il lui dit, en l'embrassant tendrement : *Continuez, mon fils, à vous bien conduire, & vous serez content de moi.*

L'événement répondit à ces promesses ; & Louis fut même si bien traité par son pere, qu'il sembloit d'un état supérieur à celui de ses propres freres. Une déposition du Procès en aura offert la preuve d'une maniere assez naïve, & qui doit trouver ici sa place. Dans un discours tenu par

Jean-Pierre Calas, & vraiſemblablement rapporté par le ſieur Nogariol, le premier, parlant de ſon frere le converti, diſoit à ce Négociant : « Louis » s'eſt fait faire une penſion par mon pere, & le » voilà en habit verd-pomme, chapeau bordé, » bas de ſoie ; & nous, à peine avons-nous un » habit gris ». C'étoit dire aſſez clairement que les libéralités de ſon pere lui avoient donné des préférences dont ſes freres paroiſſoient humiliés.

Qu'on ajoute les trois faits conſtans prouvés au Procès ; le premier, que Louis Calas ne rentra point chez ſon pere, depuis le moment où un Placet à M. l'Intendant de Languedoc, étant tombé de ſa poche, fit connoître dans ſa famille ſon deſſein d'abjurer ; le ſecond, qu'il ne ſe tint caché que pour éviter d'aller à Niſmes, où le premier arrangement des Magiſtrats avec ſon pere, avoit fixé ſa demeure : le troiſieme, que la marque qu'il porte au viſage, étoit l'effet d'un pétard qu'il avoit tiré avec quelques jeunes gens de ſon âge (11), & nous ſerons tout-à-coup diſpenſés d'entrer dans cette partie épiſodique du Procès. Nous n'aurons plus à réfuter ici ces fables miſérables d'une chartre privée dans une cave, au pain & à l'eau, d'un

(11) La plaie que lui fit ce pétard a été panſée par le ſieur Camoire, Chirurgien de Toulouſe, actuellement vivant, le même qu'on alla chercher pour ſecourir Marc-Antoine.

coup de pistolet tiré en plein jour dans une boutique, & autres visions ridicules, qui, tout insensées qu'elles sont, prouvent moins l'absurdité du fanatisme à les inventer, que l'avidité de la prévention à les saisir.

Il ne restera plus à examiner que les prétendus mauvais traitemens propres à Marc-Antoine lui-même : & d'abord une réflexion se présente. Quoi ! ce fils qui, dans sa Lettre du 10 Janvier 1761 à son ami, promet sa médiation pour son frere Donat auprès de leur pere, qui se flatte qu'elle sera assez puissante pour lui faire obtenir une augmentation de pension, quoique sa famille *soit dans des circonstances critiques & se ressente beaucoup de la misere du tems* ; ce fils qui dans la maison de ses parens satisfait tous ses goûts pour la musique, pour les spectacles, pour la littérature, pour l'exercice des armes, pour le jeu de billard devenu en lui une passion, qui n'est assujetti à aucun travail forcé dans le comptoir de son pere ; ce fils qui le remplace avec joie dans les fonctions spirituelles, & qui partage avec ferveur tous ses exercices religieux ; ce fils qui jouit d'une liberté assez honnête pour inviter ses amis à la table paternelle, qui reçoit des gratifications assez fortes pour faire au billard des pertes fréquentes, voilà l'homme que d'affreux traitemens accabloient tous les jours du poids de la haine d'un pere, & conduiſoient comme par degrés à la mort ! Ah ! pour l'honneur de la Raiſon, pour celui de la Juſtice, repouſſons loin des Magiſtrats ces abſurdes horreurs !

Auſſi, quels qu'ayent été dans cette affaire les excès du Fanatiſme, les efforts de la paſſion, il faut avouer que cette imputation de la haine paternelle, a été la partie la moins chargée du Procès. Sur les cent quarante-neuf témoins, on n'en trouve que deux dont les dépoſitions ayent été appliquées à de mauvais traitemens, & qui toutes deux ſe réfutent avec avantage.

L'une eſt celle de la nommée Marie Coudere, aſſociée de la nommée Danduſe, & comme elle Revendeuſe de hardes. Elle dépoſe qu'environ quinze jours avant la mort de Marc-Antoine, étant entrée dans la boutique du ſieur Calas, & juſques dans le magaſin, pour y acheter des indiennes, elle le vit tenant ce fils au collet, & lui diſant : *coquin, il ne t'en coûtera que la vie* ; qu'auſſi-tôt le ſieur Calas vint lui donner des indiennes, & qu'elle crut qu'il avoit volé ſon pere.

Cette dépoſition, quand on l'admettroit telle qu'elle eſt, porte avec elle ſon correctif ; car de dire à un fils qui fait quelque vol à ſon pere, *coquin, il ne t'en coûtera que la vie*, c'eſt mêler à cette ſévérité même un ſentiment de bonté paternelle, en menaçant un fils coupable que quelque jour la Justice humaine punira ses excès qui deviendront des crimes.

On voit au Procès le sieur Calas dire au sieur Durand, dans la confrontation, que son fils jouoit continuellement au billard, *& lui voloit quelquefois des pieces de marchandises.* Et voilà à quoi se rapporte nécessairement cette réprimande que le fanatisme a voulu infecter de son poison !

Mais d'ailleurs, pour apprécier la déposition de la femme Coudere à sa juste valeur, qu'avons-nous besoin d'autres moyens, que de la déposition de son associée elle-même ? Celle-ci dépose être entrée en même tems dans le magasin avec la femme Coudere, & cependant elle ne dépose nullement avoir vu cette action violente, avoir entendu ces paroles menaçantes. Or les mouvemens d'une action si animée n'auroient-ils pas nécessairement frappé ses yeux & ses oreilles ?

Après un moment si décisif, qu'avons-nous besoin de relever la basse vengeance de cette femme de la lie du peuple (12), qui avoit essuyé peu de tems auparavant *un refus d'indiennes à crédit* de la

(12) Le sieur David, qui goûtoit fort sa déposition, a voulu lui donner quelque poids, en qualifiant cette malheureuse de *Demoiselle*, comme il a qualifié d'*espece d'Abbé* un gros Négociant qu'il connoissoit très-bien, mais qu'il vouloit faire prendre pour un Ministre.

part du ſieur Calas, & qui trouvoit ainſi dans la prévention du Capitoul le moyen ſûr de venger une injure ? Et néanmoins, quoiqu'animée par la haine, elle n'oſa dénaturer ſa dépoſition au point de la tourner vers la Religion ; elle dit au contraire qu'elle avoit cru que le ſujet de la menace n'étoit autre que pour *quelque vol* fait par le fils à ſon pere.

L'autre dépoſition qu'on oppoſe eſt celle du Boutonnier Bergerot : au premier abord elle eſt plus frappante, mais bientôt elle ſe trouve encore plus victorieuſement détruite. La dépoſition, *telle qu'elle eſt écrite*, eſt que Bergerot paſſant, vers le milieu de la ſemaine antérieure à la mort de Marc-Antoine, devant la maiſon du ſieur Calas pere (ne ſe rappelle ni le jour ni l'heure), il l'avoit vu dans ſa boutique, *parlant à un Monſieur habillé de gris, & portant un chapeau bordé en or* (13), auquel le ſieur Calas diſoit, que « s'il ſavoit qu'*IL* (14) » *changeât de Religion*, *IL* n'auroit pas d'autre » bourreau que lui ».

C'eſt ainſi, encore une fois, que la dépoſition

(13) Affectation de déſigner le ſieur Lavayſſe, que pluſieurs témoins ont déſigné de même lorſqu'il ſortit pour aller chercher le Chirurgien & la Juſtice, afin d'inſinuer ſans doute que c'étoit à lui que ce diſcours étoit adreſſé, lui qui étoit abſent de Toulouſe.

(14) Sans nommer perſonne à qui ce mot ſe rapportât.

est écrite. Mais la voici dans ses véritables termes; l'humanité nous ordonne de les retracer d'après des témoins plus croyables.

Le sieur Abbé Durand, dans son récolement du premier Novembre, a déposé tenir du sieur Barreau, Clerc-tonsuré, le fait en question, rendu à lui sieur Barreau par le sieur Bergerot lui-même, de la maniere suivante : « Le sieur Calas pere disoit » dans sa boutique, à un Monsieur qu'il n'avoit » pas reconnu, que S'IL NE *changeoit*, il n'auroit » pas d'autre bourreau que lui ».

Voilà donc un Ecclésiastique digne de foi qui rapporte tout différemment ce fait, & assure le tenir de la propre bouche de Bergerot lui-même : or, lequel des deux croira-t-on ?

La réponse est facile. La regle vouloit que sur la déposition du sieur Abbé Durand on fît entendre le sieur Barreau. Loin de le faire, il semble qu'on l'ait redouté ; & dès le lendemain même de la déposition de Bergerot, on l'a, pour ainsi dire, enchaîné à sa déposition, en le faisant promptement récoler & confronter.

Un tel fait ne demande pas une plus longue explication ; & dès-lors nous n'avons pas même besoin d'observer que ce Bergerot, qui ne peut indiquer dans sa déposition le jour ni l'heure, indique ce jour très-précisément au sieur Abbé

Barreau dans ſon récit. Que d'ailleurs ces mots; *s'il ne* change, ou *s'il* change, rapidement pris par un paſſant, dont la dépoſition varie, ne ſe rapportent pas plus à Marc-Antoine qu'à tout autre; que même ils ne peuvent s'y rapporter, dès-là qu'on n'oſe en faire réſulter la menace d'un parricide. Quoi! il ne nomme ſeulement pas ſon fils! il ne le déſigne pas! Il fait ſans doute un récit d'un événement étranger, il en rend les expreſſions; & ſur l'arbitraire application d'un mot * indéfini * 11
d'un diſcours incertain, fortement démenti par un autre témoin plus croyable, il exiſteroit parmi les hommes un Tribunal qui pût envoyer un pere à la mort!

Oppoſens ſeulement à ce témoignage iſolé, les dépoſitions de trois des plus proches voiſins du ſieur Calas, qui, bien inſtruits de l'intérieur de ſa famille, le peignent comme un pere tendre, toujours occupé du bonheur de ſes enfans. Oppoſons-y ſes bienfaits prouvés envers Louis, bienfaits dont la converſion même de celui-ci fit mieux éclater la pureté & la grandeur. Oppoſons-y ce crédit de Marc-Antoine ſur ſon pere, cette médiation puiſſante qu'il employoit pour un frere, & tous ces traits que nous avons pris plaiſir à raſſembler.

Eſt-il maintenant un ſeul homme, nous ne diſons pas parmi des Juges éclairés, mais parmi les perſécuteurs les plus furieux, s'il en existe aujourd'hui, qui puisse calomnier une Communion chrétienne au point de faire inspirer par elle des assassinats & des parricides? Est-il un seul homme qui puisse penser que ce Marc-Antoine, Protestant notoire, écarté d'un état honorable par sa fermeté dans sa croyance, disposé à répandre son sang pour elle en venant prêcher ses freres, dût abjurer tout-à-coup cette Religion si hardiment soutenue, pour laquelle son attachement s'est si fort manifesté dans les derniers tems de sa vie, & qui sembloit lui devenir plus chere à proportion de ses sacrifices, lui que personne n'a instruit, n'a prêché, n'a préparé à un changement si éclatant? Est-il un seul homme qui puisse dans une parole équivoque, & différemment rendue par deux témoins, dans un mot fugitif & sans application certaine, trouver la preuve de la plus affreuse barbarie, d'une barbarie méditée de sang froid, & démentie par les actions les plus tendres, par des traits vraiment paternels?

SECONDE PREUVE.

Les ſieurs Calas pere & fils, la dame Calas & le ſieur Lavayſſe ne ſe ſont jamais quittés. Le ſieur Lavayſſe & la Servante ne peuvent être impliqués dans l'affaire.

Dans de premiers Mémoires on a préſenté l'impoſſibilité qu'un pere preſque ſeptuagénaire, ayant les jambes enflées & chancelantes, ait pu pendre ſeul un fils âgé de vingt-huit ans, robuſte, le plus adroit de tous ſes compatriotes aux exercices du corps ; que même, à forces égales, un pere pût étrangler & ſuſpendre ſon fils.

Mais ce moyen, ſi puiſſant par l'impoſſibilité phyſique, plus puiſſant encore par les forces qu'il tiroit du ſentiment & de la Nature, nous devient même en ce moment ſuperflu. Si Marc-Antoine a été aſſaſſiné, ſans l'avoir été par des aſſaſſins du dehors, ce n'eſt plus ſeulement à ſon pere que le crime eſt imputé ; il l'aura été par ſon pere, par ſa mere, par ſon frere, & par ſon ami, avec l'aide de la Servante, ou du moins à ſa connoiſſance ; car c'eſt ainſi que l'aſſertion invariable du pere juſqu'à ſa mort, & la défenſe unanime des autres accuſés, fixent l'accuſation. *Nous ne nous ſommes jamais quittés* (15), diſent-ils ; *ou il n'y*

(15) Ceci ſignifie, quant à la Servante, qu'elle a tou-

a point de coupable ; ou nous ſommes tous coupables.

Nous ne nous ſommes jamais quittés ! Paroles accablantes pour les premiers auteurs de ce Jugement ſanguinaire ! Paroles qui, perſévéramment ſoutenues à la vue des tourmens & des buchers, par des accuſés menacés d'une condamnation inévitable, devoient elles ſeules à la fin briſer leurs fers !

Comment n'a-t-on pas ſenti la ſublime défenſe qu'elles renferment, & les redoutables inquiétudes qu'elles devoient porter dans l'ame de tous les Juges ? Quoi vous, jeune homme bien né, digne d'un pere vertueux, vous cher à la Magiſtrature & à vos Concitoyens, vous vous tenez obſtinément lié au ſort de ces parricides, vous n'avez pas eu un ſeul inſtant de ſommeil après un long voyage, après vos courſes de la journée entiere ! Et vous, malheureuſe fille, dont la dévotion ſimple & vraie n'eſt pas faite pour s'unir au crime ſans aucun intérêt, vous à qui l'un des enfans doit ſes lumieres & ſa foi, voulez vous perdre avec ces coupables, vous n'avez pas été occupée à des ſoins domeſtiques, au point de ne pas entendre ce qui ſe paſſoit ou dans l'appartement des parens, ou dans leur magaſin !

jours été parfaitement à portée d'eux, & qu'elle a pu voir & entendre tout, ſa cuiſine étant de plein-pied avec la ſalle à manger qui communique à la chambre où l'on ſe retira après le ſouper.

Et

Et tous les deux répondent avec une constance inébranlable : « Non, dussions-nous périr à l'instant, » nous ne les avons jamais quittés, ils ne sont pas » plus coupables que nous ». Et cette fermeté généreuse n'a pas dessillé les yeux !

Pour nous, nous le disons avec confiance, c'est l'argument le plus fort, c'est le moyen le plus puissant que cette affaire nous semble offrir ; car dès-là que l'aveugle Fanatisme donne à cette mort la Religion pour cause, comment peut-on faire entrer une Catholique zélée dans le plus exécrable des complots ? Eh quoi ! ce jeune homme qui arrive de Bordeaux, qui n'a vu Calas pere que quelques momens, auroit saisi sans horreur, & sur la simple proposition, l'idée du meurtre de son ami, auroit consenti à l'instant à devenir lui-même son bourreau !

Disons plus encore : qu'on ouvre les Annales des crimes, qu'on cherche avec soin les forfaits qui ont souillé la terre, & qu'on nous fasse voir cinq monstres réunis, commettant le plus abominable des assassinats ; trois d'entre eux, en étouffant le cri de la Nature, & démentant tout-à-coup les sentimens d'une tendresse non interrompue ; le quatrieme foulant aux pieds une ancienne & tendre amitié, sans aucun motif de Fanatisme, d'intérêt ou de vengeance ; le cinquieme égorgeant, en haine d'une conversion prochaine, celui-là même que cette conversion devoit lui rendre plus cher. Ou si, pour l'honneur de l'humanité, on est forcé d'avouer que les siecles les plus atroces, que les climats les plus barbares ont ignoré des scenes si affreuses, qu'on cesse donc de placer dans notre Patrie le premier théatre de ces horreurs !

Aussi voyons-nous dans tout le cours de cette affaire, les Juges entraînés à ce sentiment profondément gravé en eux, qu'il étoit impossible que tous les cinq fussent coupables. S'ils se persuadoient faussement que le pere, la mere & le frere haïssoient Marc-Antoine à cause de sa prétendue conversion, & que cette haine avoit pu les porter à un parricide, du moins leurs sinistres soupçons épargnoient le sieur Lavaysse & la Servante. Combien même de tendres invitations faites à ce jeune homme pendant l'instruction, par des Magistrats touchés de son malheur, persuadés de son innocence ! Quel combat que celui livré par un pere qui, trompé lui-même par les bruits artificieusement repandus de la condamnation inévitable des Calas, imagine que son fils se sacrifie à une compassion mal-entendue ! « Mon cher fils, lui dit ce pere, en présence » d'un Magistrat qui chercha la vérité dans leur

» douleur même, il seroit inutile de te le cacher, la » voix publique annonce qu'*il y a des charges plus* » *que suffisantes contre les Calas.* Rien ne peut te » dispenser de dire la vérité à tes Juges. Ne dissimu- » les point, je t'en conjure. Si l'amitié t'a fait croire » qu'il t'étoit permis de sauver des coupables, re- » connois ton erreur; songes à quoi tu t'exposes: » que tous ménagemens cédent à ton devoir, au » soin de ta justification, *de la conservation de ta* » *vie*, de ton honneur & de celui de toute ta fa- » mille ».

Quelle affreuse lumiere ce discours porta dans son ame! Quoi! c'est mon pere, l'organe de la vérité même, qui m'annonce QU'IL Y A DES CHARGES PLUS QUE SUFFISANTES CONTRE LES CALAS, qui me presse DE CONSERVER MA VIE! Elle va donc m'être enlevée au commencement de ma carriere, déja les buchers sont allumés, une main barbare m'y entraîne avec eux, la Justice humaine me couvre d'un opprobre plus cruel encore que les horreurs des tourmens! Eh bien! mourons pour cette vérité même qu'on m'accuse de trahir, j'aurai pour moi mon innocence & la justice de l'Être éternel; & la vive expression de ces sentimens qui l'agitent, se faisant passage au travers de ses sanglots: « Non, mon pere, lui dit-il avec courage,

» je n'ai point déguisé la vérité ; l'éducation que » vous m'avez donnée, m'a trop instruit de mes » devoirs : les Calas ne sont point coupables, JE » NE LES AI PAS QUITTÉS UN SEUL MOMENT ; & » quand le supplice seroit préparé devant mes » yeux, la crainte de la mort & de l'infamie ne » m'arrachera jamais un mensonge qui pourroit » faire périr des innocens ».

Cette vérité, que la crainte d'une mort présente ne peut altérer en lui, la mort même, & les plus affreux tourmens, ne l'alterent point dans Calas. De dessus son échaffaut, & touchant au moment redoutable de l'éternité qui va s'ouvrir, il atteste cette innocence commune, qui résulte de ce que ne s'étant jamais quittés, ils devoient être tous innocens ou tous coupables.

Et lorsqu'après le supplice de l'infortuné vieillard les Accusés sont conduits à un dernier interrogatoire, qui ne met entre eux & la mort qu'un intervalle de quelques instans, lorsque le lieu (1) même de leur détention leur apprend qu'ils vont périr comme lui, ils soutiennent tous fermement ce qu'ils ont tous unanimement déposé dans le

(1) Un usage constant du Parlement de Toulouse, est que les Condamnés sont renvoyés aux prisons de l'Hôtel-de-Ville ; au lieu que les absous descendent en celles du Palais. On crut devoir s'écarter de cet usage au sujet des Calas.

cours de la plus rigoureuse instruction. Ils défendent courageusement son innocence, ils défendent la leur; ils attestent tous une vérité qui ne peut plus les sauver, après le Jugement exécuté contre un homme aussi peu coupable qu'eux. Un Juge demande au jeune Lavaysse : « QU'EN DITES-» VOUS, *à présent que le pere a été condamné à » mort* » ? Sa réponse fut « *Malheur aux faux té-» moins qui vous ont fourni des preuves* » !

On interroge la mere, elle regarde ses Juges qui détournent les yeux, & leur répond : « *Mon » fils s'est tué ; vous avez fait mourir mon mari, il » me tarde de le joindre : je n'ai plus rien à vous » demander que la mort* ».

Que pourrions-nous ajouter qui n'affoiblît la grandeur d'une telle défense ?

Concluons donc que le fait *de ne s'être jamais quittés* étant si invariablement, si unanimement, si persévéramment soutenu par tous les Accusés, & au péril de la mort même par deux d'entre eux qu'on croyoit n'être pas coupables, il en résulte en faveur de tous une double démonstration de raisonnement & de sentiment qui consacre leur innocence.

Démonstration de raisonnement. Le jeune Lavaysse & la Servante étoient étrangers à l'accusation : on vouloit les en soustraire, ils n'avoient qu'à parler ; & ils persistent à se tenir joints aux Accusés ; ils y persistent à la vue des échaffauts & des tourmens ; ils y persistent après que le supplice de Calas leur annonce la mort qui les attend ; ils y persistent, lorsque le soin de leur propre conservation, ce sentiment si fort sur tous les êtres, les entraînoit puissamment à séparer d'eux leur défense. Or les Accusateurs les plus fanatiques n'ont jamais pu trouver à ces deux personnes aucun motif d'avoir assassiné Marc-Antoine : il est avoué même que la Servante auroit eu un intérêt, un devoir tout contraires : donc, *ne s'étant jamais quittés*, aucun des cinq ne l'a assassiné.

Démonstration de sentiment. Nul événement sur la terre ne fournit d'exemple d'un assassinat semblable ; & sans vouloir trop élever ici la nature humaine, assez dégradée d'ailleurs par tant de forfaits, nous pouvons dire néanmoins que le mal ne se fait que par un motif assez fort pour nous en diminuer l'horreur, & que le grand moteur de tous les crimes, l'intérêt de les commettre, manquant ici au moins dans deux des Accusés, il est impossible de supposer un parricide qu'il est impossible de croire. On le supposera moins encore dans un pere que sa bonté prouvée pour ses enfans, l'estime de ses Concitoyens, soixante-huit ans de vertus couronnés par la mort la plus ferme, élevent au-dessus de tous soupçons; dans une mere dont l'honnêteté connue aujourd'hui de tous les Magistrats & de la Nation entiere, n'a rien d'égal que ses malheurs; dans un frere qui chérissoit vivement son frere, qui vivoit avec lui dans l'union la plus tendre; dans un ami que sa naissance, son éducation, ses mœurs, les exemples domestiques, sa générosité à la vue d'une mort prochaine, rendoient si digne de la confiance de ses Juges; enfin dans cette vertueuse fille, dont une piété exemplaire, fortifiée par sa participation fréquente aux saints Mysteres (1), avoit préparé les succès dans la conversion de Louis Calas, & qui, animée du même desir pour celle des autres enfans, auroit défendu Marc-Antoine au péril de ses jours, auroit combattu ses assassins, les auroit accusés du moins, bien loin d'avoir été leur détestable complice.

Mais si cette unanimité des Accusés forme aux yeux de la raison un moyen invincible, comment appellerons-nous cette fermeté généreuse d'une veuve & de pauvres orphelins, sans nom, sans biens, sans appui, qui, tout couverts encore du

(1) Elle avoit communié deux jours encore avant le suicide de Marc-Antoine.

sang d'un époux & d'un pere, viennent se jetter aux pieds du Trône (1), viennent y déférer l'Arrêt d'un Parlement, comme un ouvrage d'erreur dans les Juges supérieurs, comme un ouvrage d'oppression & d'injustice de la part des premiers Juges ? Si la Calomnie osoit dire que la prudence humaine prescrivoit l'unanimité aux Accusés, pour leur propre salut, à ces Accusés qui, précipités sur le champ dans des cachots, n'ont pu se concerter entre eux ; dira-t-elle aussi que cette même prudence prescrive à des coupables absous, de réveiller une accusation terminée, de se remettre de nouveau dans les fers, d'attaquer hautement des Tribunaux puissans, & le premier préjugé d'une

(1) Sous l'Empereur Charles VI on pendit injustement à Palerme un jeune homme du peuple, que son obscurité avoit laissé condamner très-légérement. La nature, plus puissante peut-être sur le cœur des malheureux & des foibles, lui suscita un vengeur. Ce fut sa mere. Elle va à pied demandant l'aumône de Palerme à Vienne. Elle pénetre au travers des Gardes qui la repoussent, des Courtisans qui détournent la tête de dessus une infortunée ; elle se jette aux pieds de l'Empereur, & lui demande, à grands cris, justice de l'assassinat commis par les Juges. L'Empereur, frappé de sa confiance, juge que le fils doit être innocent quand la mére est si courageuse. Sur le champ il envoie ordre au Vice-Roi de Sicile d'examiner rigoureusement le Procès. La condamnation se trouve injuste. La bonté & la justice de l'Empereur accorderent à la malheureuse mere de tristes & tardifs dédommagemens, qui ne lui rendoient pas un fils.

Ville entiere, de s'exposer aux rigueurs d'une instruction que l'éclat même de leurs plaintes doit rendre & plus approfondie & plus févere ? Il faut donc évidemment que le sentiment puissant de l'innocence & de l'honneur anime cette respectable femme & ses enfans, quand on les voit tenter une entreprise dont la vertu seule a pu concevoir & remplir l'idée. Il faut donc que la Calomnie elle-même, si elle ose se montrer encore, rende hommage à des Accusés d'un nouveau genre, lorsqu'elle les entendit dire avec un noble courage au Conseil du Prince, & aux Juges qu'il a choisis : « Faites rétablir pour nous les échaffauts & les bu- » chers, ou renversez ceux sur lesquels expira » l'homme de bien dont nous venons prouver & » venger l'innocence ».

TROISIEME PREUVE.

Etat du cadavre. Heure des cris entendus, fixée par quatorze Témoins.

Un premier point important, & qu'il ne faut jamais perdre de vue, c'est que Marc-Antoine n'a point été étranglé, puis suspendu : mais qu'*il a été pendu vivant, par lui-même ou par d'autres.* C'est ce qu'atteste en propres termes le rapport des Médecin & Chirurgiens, fait le lendemain de sa mort.

Cette déclaration de leur part est prouvée par le fait même. Ils attestent avoir trouvé au cadavre une marque livide au col, de l'étendue d'environ demi-pouce, en forme de cercle, *qui se perdoit sur le derriere dans les cheveux*. S'il n'avoit été qu'étranglé, la marque livide auroit été parfaitement horisontale, & même il n'eût pas été possible, en l'étranglant par terre, de faire remonter la corde *dans les cheveux*; elle auroit glissé, n'ayant rien qui l'y fixât, & par conséquent elle n'auroit pu produire la mort par *torsion*. S'il eût été étranglé d'abord, & puis suspendu, pour couvrir par cette suspension la mort par *torsion*, alors on auroit trouvé sur son col deux impressions; l'une horisontale, résultante de la *torsion*; l'autre remontant par derriere dans les cheveux, résultante de la *suspension*. Mais n'ayant été que *suspendu*, on n'a dû trouver, & l'on n'a trouvé en effet qu'une seule impression, qui est celle décrite dans le rapport; & cette impression a été l'effet naturel de la pesanteur du corps, la corde ayant remonté nécessairement *sur le derriere dans les cheveux*, *où elle se perdoit*.

Ce premier point une fois constant, démontre

d'abord l'infidélité insidieuse du Monitoire, dont les auteurs ayant devant leurs yeux le rapport des Médecin & Chirurgiens, n'ont pas rougi de mettre dans le cinquieme chef, que Marc-Antoine *fut* ETRANGLÉ *ou pendu*, & qu'il fut étranglé & mis à mort *par suspension ou par* TORSION; alternative odieuse, qui, d'après le rapport juridique, n'étoit pas en leur pouvoir. C'est ce que nous aurons occasion de relever par la suite.

Bornons-nous ici à observer, d'après ce même rapport, que Marc-Antoine n'a donc pas été étranglé par des gens qui, se jettant sur lui tous ensemble, l'ayent renversé par terre; mais qu'il a été *suspendu*.

L'a-t-il été par lui-même? L'a-t-il été par d'autres? Voilà tout le Procès. L'état dans lequel on l'a trouvé suffit seul pour le décider.

On l'a trouvé tête nue & en chemise, son habit posé & plié sur le comptoir, sans aucun dérangement dans ses cheveux, sans aucun déchirement ni désordre, sans aucune contusion ni meurtrissure, sans autre marque que l'impression de la corde, enfin, sans aucune trace de résistance ou de combat.

Voilà ce qui doit résulter non du Procès-verbal du sieur David, (car il y fit plusieurs omissions très-graves dont nous parlerons bientôt) mais du rapport des Médecin & Chirurgiens.

Or quel est l'état d'un homme pendu par lui-même ? Quel est l'état d'un homme que d'autres auront suspendu ?

Pendu par lui-même, il est tout naturel qu'il n'offre sur lui ni dans ses vêtemens, ni dans son corps, ni dans ses cheveux aucun désordre, aucune trace de combat, parce qu'il n'aura eu aucun combat à essuyer, la suspension étant en ce cas un acte de sa propre volonté.

Pendu par d'autres, il aura nécessairement résisté, parce qu'il n'est pas dans la nature qu'on voie attaquer sa vie sans la défendre. La résistance alors est matérielle, machinale, elle est l'acte involontaire d'un être qui se révolte contre sa destruction; & quand un témoin a dit que Marc-Antoine étoit si soumis à ses parens qu'il se seroit laissé tuer de leur main par pure obéissance, il a dit une de ces absurdités qui ne pouvoient être proférées que dans un Procès plus absurde encore. Or cette résistance auroit laissé sur ses habits & sur son corps, sur les habits & les corps de ses Meurtriers, des marques d'un combat que l'amour de la vie d'un côté, le parricide de l'autre, auroient rendu si sanglant.

Ajoutons que l'endroit de la ſuſpenſion ayant ſi peu de largeur qu'il falloit, ſuivant le Procès-verbal du 16 Octobre, *rapprocher un peu les deux battans comme pour ſermer la porte*, & Marc-Antoine y ayant été *pendu vivant*, il eſt impoſſible de ſuppoſer que cette opération ait pu être faite par pluſieurs perſonnes dans un eſpace que rempliſſoit preſque entieremrnt la largeur de ſon corps. Ces deux argumens ne ſouffrent point de réplique.

Pour diminuer la force du premier des deux, on fait valoir la dépoſition d'un Praticien nommé Pages, qui dit qu'étant entré le 14 Octobre vers les quatre à cinq heures du ſoir à l'Hôtel-de-Ville, il vit dans la chambre de la torture, ſur la poitrine du cadavre, *une eſpece de noirceur grande comme la main*; qu'ayant demandé au ſieur Favre, Chirurgien, d'où pouvoit venir cette noirceur, ſi ce n'étoit pas d'un ſang extravaſé, celui-ci avoit répondu que non, mais que cela provenoit d'un coup donné à Marc-Antoine pour l'expédier plus vite.

La réponſe à cette dépoſition fauſſe eſt, 1°. dans celle-même du ſieur Favre qui n'en dit pas un mot; 2°. dans la dépoſition du nommé Lambrigot, Soldat de garde, qui dit que cette petite noirceur étoit *de la grandeur à peu près d'une piece d'un ſol*; 3°. dans une autre dépoſition (1) qui explique cette noirceur par l'application du cadavre sur une planche raboteuse à cet endroit; 4°. enfin par le rapport des sieurs Latour, Médecin, Peyronet & Lamarque, Chirurgiens, fait dans la boutique avant le transport, par lequel ils déclarent qu'ils avoient trouvé le cadavre sans aucune blessure, & *sans autre marque livide que celle qui avoit été causée par l'impression de la corde*, rapport que le Chirurgien Lamarque réitéra le lendemain dans un nouveau Procès-verbal.

C'est donc un point constant au Procès, que Marc-Antoine n'a porté aucune trace de suspension par autrui, & qu'ayant été *pendu vivant*, il faut qu'il se soit pendu lui-même, *l'espace* de sa suspension presque rempli par son corps n'ayant pu suffire à une seule autre personne avec lui.

D'après ce fait incontestable, nous sommes bien dispensés d'entrer dans la possibilité ou impossibilité de sa suspension, relativement au billot & à la corde : possibilité pleinement démontrée dans les premiers Mémoires, possibilité établie par le rapport même des Médecin & Chirurgiens qui déclarent qu'il a été *pendu par lui ou par d'autres*, vérifiée par de jeunes gens & par les Soldats du

(1) Celle du sieur Faure, Chirurgien *Facultiste*.

Guet qui se suspendirent le lendemain sur les mêmes bâtons, avec la même corde & le même billot, possibilité enfin qu'il étoit souverainement injuste de contester après avoir laissé traîner du 13 au 16 Octobre dans le magasin le billot & la corde, qu'une main ennemie avoit pu accourcir.

Cette démonstration, tirée de l'état du cadavre, se fortifie puissamment par une observation également fondée sur la nature des choses.

Marc-Antoine est mort avant huit heures. La boutique des sieurs Calas étoit dans la rue la plus fréquentée de Toulouse. On voit par le Procès même que toutes les maisons du voisinage étoient pleines de voisins rassemblés. Une simple cloison de planches s'opposoit aux regards, mais ne suffisoit pas pour empêcher le bruit de se faire entendre au dehors. Et quel bruit que celui de plusieurs corps qui s'agitent & se choquent, d'une famille entiere animée par la fureur & le crime, des cris perçans qui appellent du secours, d'un jeune homme vigoureux qui défend sa vie, d'un pere & de quatre autres assassins qui le terrassent & l'étranglent!

Et cependant alors aucun bruit n'a été entendu. Tous les cris, toutes les paroles si étrangement défigurées par plusieurs témoins, & plus affreusement encore expliquées, paroles qui n'étoient que l'expression de la douleur des parens, se rapportent unanimement à neuf heures & demie, neuf heures trois quarts, dix heures. Quatorze témoins sont unanimes sur ce fait, unanimité d'autant plus concluante, que dans le surplus de leurs dépositions ils sont divisés sur les sons qu'ils prétendent avoir frappé leurs oreilles, ou qu'ils rapportent par (1) oui-dires. Il y a même un (2) témoin qui dépose avoir passé devant la boutique des Calas vers les huit heures & demie du soir, & n'avoir entendu aucun bruit; à neuf heures un quart, & n'en avoir entendu aucun, ensuite à neuf heures & demie, & alors avoir entendu le bruit & les cris qui sont constans au Procès.

Que Marc-Antoine ait cessé de vivre vers les sept heures trois quarts, c'est ce qui résulte de ce qu'il pouvoit y avoir une heure & demie ou deux heures qu'il étoit mort lorsqu'il fut visité sur les

(1) Rien n'est si frappant, par exemple, que la contrariété de Cazales & de Popis; tous deux garçons du sieur Maisons. Le premier dit avoir entendu : *ah, mon Dieu ! ah, mon Dieu !* ce qui se rapporteroit à la douleur des parens, sur laquelle ont déposé pareillement les sieurs Escat, Gorce, & Delpech. Le second dit avoir entendu *au voleur, à l'assassin*, ce qui supposeroit évidemment des assassins du dehors.

(2) Le François, onzieme témoin.

neuf

neuf heures & demie par le Chirurgien Gorce. Celui-ci déclare avoir dans ce temps-là examiné le corps de Marc-Antoine, avoir touché son pouls, ses tempes, avoir porté la main sur son cœur, l'avoir trouvé sur toutes ces parties froid & sans palpitation. Le sieur Delpech dépose pareillement avoir touché le corps de Marc-Antoine attentivement sur l'estomac & autres parties, (s'imaginant qu'il auroit pu être tué en combat singulier qu'il le trouva froid & sans blessure, & que le sieur Gorce étant arrivé ensuite, trouva également le corps froid & sans blessure, & la bouche se refermant *comme par ressort* lorsque la mere voulut faire avaler à son fils des eaux spiritueuses.

Le sieur Brousse entré avec le sieur Delpech, dépose aussi que le cadavre étoit froid, & fut trouvé tel par le sieur Gorce.

Il est vrai que le rapport des Médecin & Chirurgiens, postérieur de deux heures, dit que le corps étoit encore *un peu chaud*; mais cette expression diminutive n'a rien de contradictoire avec les trois dépositions précédentes, pour peu qu'on considere que la chaleur absolue & entiere des cadavres ne les quitte que plus de six heures après leur mort, & qu'elle devoit durer plus long-temps encore dans un jeune homme de vingt-huit ans, fort & robuste, mort par suspension. Cela n'empêche pas que les tempes, le cœur, & autres parties touchées par le Chirurgien Gorce & les trois témoins, n'ayent pu être dites *froides* par opposition à la chaleur ordinaire de ces parties, quoique dans ce même temps toute chaleur ne fût pas encore éteinte dans le cadavre. De plus, les trois témoins énoncent avec détail le pouls, les tempes, le cœur, la bouche, avec un examen approfondi de ces parties. Or ces dépositions si circonstanciées ne peuvent être affoiblies par la généralité de cette expression, *un peu chaud*, qui ne s'applique distinctement à aucune partie, & qui peut être vraie sans rien prendre sur la vérité de ce que ces trois témoins ont senti & déposé.

Enfin un dernier argument dont nous avons déja montré la force irrésistible, est l'unanimité avec laquelle les Accusés soutiennent que Marc-Antoine quitta la table vers la fin du souper, c'est-à-dire vers les sept heures trois quarts. Cet argument, on vient de le voir, forme démonstration lorsqu'ils disent : *nous ne nous sommes jamais quittés.* Il doit en former une semblable, lorsqu'ils disent avec la même unanimité : *il a quitté la table vers la fin du souper* ; d'autant mieux qu'ayant été conduits à l'Hôtel-de-Ville pour qu'on y prit d'eux des (1) *éclairciſſemens*, ils n'avoient garde de prévoir l'horrible accuſation élevée ſubitement contre eux, & qu'ayant été mis ſur le champ dans des cachots ſéparés, ils n'ont pu emprunter que de la vérité même cette unanimité conſtante qui honore & rend invincible leur défenſe.

Auſſi le fort de l'accuſation n'a pas porté préciſément ſur l'heure de la mort de Marc-Antoine. Ce point a été très-peu agité au Procès. L'heure à laquelle ſe rapportent les cris entendus, fixoit leur nature, & ne permettoit pas de les regarder autrement que comme les cris & les ſignes de douleur d'un pere, d'une mere, & d'un frere conſternés de la mort affreuſe d'un objet ſi cher.

Mais, le croira-t-on? malgré l'unanimité des plus fortes dépoſitions ſur cette douleur des parens, malgré les témoignages ſi touchans qui paſſoient de leurs ames dans les ames de tous ceux qui les environnoient, un miſérable (2) a oſé élever ſa voix promptement accueillie, & a dit à Calas pere: « vous vous parez d'une fauſſe douleur, j'ai regardé par les fentes de votre boutique, & je vous ai vu diſtinctement vous promener une lumiere à

(1) Procès-verbal du Capitoul.
(2) Jean Peres, Garçon Perruquier.

» la main autour de votre magaſin, ſans aucun » ſigne d'affliction & de triſteſſe ».

Qu'on ſe peigne, s'il eſt poſſible, la conſternation de ce vieillard, lorſqu'il voit nier juſqu'à ſa douleur, ſoupçonner juſqu'à ſes larmes, cette expreſſion de la nature, cette défenſe involontaire & vraie, ce témoignage fidele que ne demandoit pas ſon innocence & qui ne ſervoit que mieux à la faire paſſer dans tous les cœurs. Mais tout-à-coup reprenant courage : « vous qui m'avez vu ſi diſtinc» tement, lui dit-il, quel habit avois-je ? » Le témoin frappé de cette queſtion imprévue, jette les yeux ſur lui, s'arrête un moment, répond : « le » même habit que vous avez actuellement ». Or le ſieur Calas ne prit d'habit (1) que pour aller à l'Hôtel-de-Ville, & par-là même l'impoſture de ce témoin ſe trouva pleinement confondue.

Puis pour mieux démontrer ſa calomnie, on fait viſiter la boutique. On trouve qu'il n'y a ni fente ni ouverture quelconque au travers de laquelle l'œil ait pu pénétrer. Les enfans pour leur pere articulent ce fait par requête & en offrent la preuve. La Requête reſte ſans réponſe, le témoin

(1) Le ſieur Calas fut en robe de chambre toute la ſoirée de la mort de ſon fils, & juſqu'au moment où étant conduit à l'Hôtel de Ville, il prit un habit pour y aller.

doublement convaincu de feux reste impuni, & le malheureux Calas est conduit au supplice.

QUATRIEME PREUVE.

Inutilité des efforts multipliés du Fanatisme contre les Accusés.

Que de tels événemens cessent de surprendre. Quand on voit jusqu'où dans cette affaire le Fanatisme a porté ses excès, si quelque chose étonne, c'est qu'il n'ait pas produit de plus grands crimes. Et c'est encore ici une de ces vues frappantes, une de ces démonstrations morales, qui forcent les suffrages.

En effet, pour qui connoît les hommes, quelle plus forte preuve d'innocence que de dire: « les » emportemens d'une populace ameutée, suscitée » par tout ce qui peut remuer plus fortement de » telles ames, vivement persuadée que le Ciel » même sanctifie sa haine & demande la mort d'un » sacrilege, ont entassé les récits les plus envenimés, les délations les plus hasardées, les interprétations les plus sinistres; & tout cela n'a pu » former un corps de preuves suffisant pour envoyer » au supplice le malheureux objet de ses fureurs ».

Ici combien d'affreux ressorts n'a pas fait jouer

cet aveugle enthousiasme qui s'empara de tous les esprits, qui corrompit tous les cœurs ?

Qui ne seroit révolté d'abord de voir que sur trois cas possibles, l'assassinat de Marc-Antoine par des étrangers, son suicide, son assassinat par ses parens, l'esprit du Capitoul, auteur de tout ce désastre, se porte vers le plus exécrable, vers le plus invraisemblable des trois crimes? Et quand s'y porte-t-il ? C'est lorsqu'il devoit avoir un sentiment tout contraire, c'est lorsqu'après avoir fait conduire ces infortunés à l'Hôtel-de-Ville, *pour prendre des éclaircissemens*, il ne peut cependant en acquérir aucuns à leur charge. C'est en ce moment même qu'il lui plaît de les juger parricides, qu'il s'écrie avec une satisfaction cruelle : *je vois qu'il leur en coûtera quelques tours de question, qui à coup sûr feront ruisseler le sang* (1) ; qu'il les fait emprisonner, encore qu'il n'y eût, & qu'il n'y ait eu contr'eux aucun décret de prise de corps. La joie d'une ame honnête est de pouvoir trouver un innocent dans un accusé qu'on soupçonne ; la sienne est de ne voir, de ne préjuger jamais que des coupables.

S'il s'applaudit d'abord de cette détention arbitraire, il en sent ensuite les dangers. Mais bientôt

(1) Mém. du sieur Lavaisse, pag. 8.

Il ſe raſſure en ſe perſuadant, en inſinuant du moins que la cauſe de Dieu eſt dans ſes mains, & qu'il a la mort d'un Martyr à venger.

Auſſi-tôt cent voix répandues dans Toulouſe, portent de toutes parts ſes conjectures & ſes ſoupçons. Les bruits d'une converſion prochaine, d'un aſſaſſinat en haine de cette converſion, ſe forment, s'accréditent, excitent l'activité de ſes pourſuites. Et par cette réaction qui ſe porte vers lui, il ſemble ne faire que céder à l'impulſion générale que ſa témérité ſeule avoit fait naître.

Que la pente de l'enthouſiaſme eſt rapide! Tous les eſprits agités par David, le ſuivent & l'entraînent à la fois. Les Juges eux-mêmes, en invoquant ces ſecours puiſſans que l'Egliſe a ménagés à la ſociété pour la découverte des crimes, les Juges oublient à ſa voix, & la forme de ces dénonciations publiques, & l'autorité (1) qui les accorde, & l'eſprit d'impartialité (2) qui les compoſe. On di-

(1) On évita de demander le Monitoire à l'Official, ſeul compétent, ſuivant l'Ordonnance, pour l'accorder. On crut l'obtenir plus facilement d'un grand Vicaire, moins verſé dans la forme de ces actes qui ne ſont pas de ſon reſſort.

(2) La Loi ordonne qu'un Monitoire ſoit dreſſé à charge & à décharge, & même ſans déſignation de perſonne, bien moins encore avec aſſertion d'un crime certain ſur trois crimes poſſibles.

roit que le Fanatiſme lui-même les a tracées en caracteres de ſang pour ſuſciter contre les Accuſés des calomniateurs & des bourreaux. Ce n'eſt plus la nature du crime qu'on recherche, ni quels ſont les coupables. On les annonce déja comme convaincus, en même temps qu'on publie un Monitoire pour les convaincre. On demande aux Citoyens d'apprendre à la Juſtice quel crime a été commis, & on leur aſſure en même temps que ce n'eſt ni un aſſaſſinat ni un ſuicide, mais un parricide ; on les reſtraint avec une horrible injuſtice à dépoſer ſeulement DE CE CRIME QUI EST DES PLUS DÉTESTABLES.

Qu'on nous diſe du moins quels furent les cruels inventeurs des articles trois & quatre de ce manifeſte ſanguinaire, articles qui annoncent « que le » 13 Octobre au matin *il ſe tint une délibération* » *dans une maiſon de la* Paroiſſe de la Daurade, » OU LA MORT DE MARC-ANTOINE FUT RÉSOLUE » ET CONSEILLÉE..... que le même jour depuis » l'entrée de la nuit juſques vers les dix heures » CETTE EXÉCRABLE DÉLIBÉRATION FUT EXÉCU- » TÉE EN FAISANT METTRE CALAS A GENOUX » ?...

A de telles horreurs la plume tombe des mains... on frémit d'exiſter au milieu d'hommes capables de forger contre des innocens ces abominables complots . . . . Auteurs de ces atroces imputations, qui que vous ſoyez, tremblez. Au moment où la Patrie demandera compte du ſang de ce vieillard, que peut-être ces deux ſeuls chefs du Monitoire ont conduit au ſupplice, qu'aurez-vous à lui répondre? Lorſque ni les dépoſitions ni les charges n'offrent pas la plus légere trace de cette délibération prétendue, lorſque l'eſprit humain ne peut pas même en admettre l'idée, vous forgez de chimériques accuſations contre une Communion entiere pour vous aſſurer d'avance des victimes! vous décrivez avec préciſion tous les progrès d'un attentat dont l'exiſtence même eſt l'objet de vos recherches! vous nous peignez *Marc-Antoine à genoux* au milieu de ſes aſſaſſins, lorſqu'il vous étoit incertain s'il en a eu d'autres que lui-même! les jeux de votre imagination coupable ſont de nous tracer de ſang froid l'appareil d'un parricide! Et l'on auroit eſpéré qu'après ces aſſertions plus téméraires encore qu'inhumaines, la vérité paiſible & pure ſe fît jour au milieu des cris d'une populace aveugle & inſenſée, d'une populace trompée au nom de la Religion même!

Mais ce ne fut là que le premier pas d'un Fanatiſme trop cruel dès l'abord, pour ne pas l'être encore davantage. Il venoit d'abuſer des droits de la Religion ſur les conſciences, il va profaner ſes cérémonies & ſes temples. Quel ſpectacle que cette Egliſe tendue de blanc, cette Proceſſion pompeuſe de Pénitens & de Prêtres, ces Religieux de tous les Ordres aſſemblés, ces milliers de Citoyens courans en foule pour invoquer un nouveau protecteur (1) dans les cieux, ce Mauſolée tout couvert des ornemens du Martyre, couronné par un ſquelette humain, & réuniſſant ſur Marc-Antoine les honneurs d'un monſtrueuſe apothéoſe! De quel droit d'aveugles mortels exerçoient-ils ainſi les jugemens du Très-Haut, & décernoient-ils, au gré de leurs paſſions, un culte religieux à cet homme que peu de jours avant ils condamnoient à d'éternels ſupplices; à cet homme qui n'avoit pas ceſſé d'être pour eux un objet de réprobation & d'anathême; à cet homme dont Dieu ſeul a pu connoître les derniers ſentimens & la foi; à cet homme enfin qu'on ne pouvoit honorer comme Martyr, ſans annoncer irrévocablement pour ſes bourreaux ſes parens qui n'étoient pas jugés encore! Quel Citoyen, à la vue de ces cérémonies ſolemnelles, & ſur-tout à la ſcandaleuſe durée de ces fêtes ſucceſſivement célébrées dans

(1) *On étoit venu juſqu'à lui attribuer des Miracles.* Mém. du ſieur Lavayſſe, page 13.

trois temples, pouvoit douter que les malheureux parens ne fussent des parricides (1)? Quel témoin appellé au Procès ne devoit pas s'exagérer à lui-même la force de ce qu'il avoit vu ou cru voir, de ce qu'il avoit entendu ou cru entendre? Quel Catholique zélé, pris du milieu de cette populace soulevée, ne devoit pas croire, après l'éclat perfide de cette pompe meurtriere, que la Religion elle-même appelloit chacun de ses enfans à venger son injure, à convaincre & à frapper des coupables?

Fallut-il plus de mouvemens & d'efforts pour former autrefois au sein de la France déchirée une école de bourreaux & de parricides? Loin de nous, pour ne renaître jamais, ces jours horribles que le Fanatisme ensanglanta de ses fureurs! Des prédications séditieuses, des peintures effrayantes, des

(1) Croira-t-on que ce fut précisément trois heures après l'inhumation séditieuse de Marc-Antoine, que le Capitoul David se transporta d'office & militairement, avec quelqu'autre, & AVEC LE BOURREAU, dans le magasin des Calas, où l'on fit décider par ce BOURREAU, encore tout échauffé du spectacle qui venoit de frapper ses yeux, que Marc-Antoine n'avoit pu se pendre. Et comment auroit-il pu le regarder comme suicide? Il venoit dans le moment même de l'invoquer comme Saint! Il falloit bien qu'alors une prétendue impossibilité physique vînt au secours de ce pompeux enterrement qui la rendoit nécessaire! Horrible enchaînement, qui a perpétuellement couvert un égarément par un autre!

ames foibles, troublées & raſſurées tour à tour par des ſcélérats qui ſe diſoient les Miniſtres des vengeances divines, voilà de quelle maniere on aiguiſoit les poignards, voilà comme on préparoit les plus exécrables forfaits. Doutera-t-on que les malheureux qui, pour les commettre, couroient à un ſupplice aſſuré, n'euſſent pu faire par une dépoſition menſongere ce qu'ils faiſoient par le fer & le poiſon, qu'ils n'euſſent pu par leur témoignage envoyer à la mort celui à qui ils la donnoient de leurs propres mains? Doutera-t-on qu'à la vue d'un pere dévoué à la colere céleſte, déſigné par les plus auguſtes cérémonies de la Religion comme un parricide, ils n'euſſent pu dire à ce pere accuſé : *nous vous avons vu aſſaſſiner votre fils*, eux qui en défendant les intérêts du Ciel, croyoient ne pouvoir être ni meurtriers ni parjures? Mais le ſage qui peſe en ſilence les forfaits & les paſſions des hommes, ſe feroit dit avec aſſurance : « ces témoins » ou en impoſent ou s'abuſent; ces malheureux » viennent de forger leur témoignage ſur les degrés » de ce Mauſolée où ils invoquoient un Martyr ».

Que ſera-ce, ſi à tant d'incroyables excès on ajoute la fatale circonſtance de cet anniverſaire de meurtre & de carnage qui acheva de rendre les Calas l'objet de la haine univerſelle? Nous parlons de cette fête du 17 Mai, qui ſe célebre tous les ans en mémoire d'un maſſacre de Proteſtans commis à Toulouſe en 1562; fête abominable qui honore un aſſaſſinat de Citoyens à l'égal d'une victoire; reſte honteux des anciennes barbaries, vainement proſcrit par deux Arrêts émanés du Trône, & qui offenſe à la fois la raiſon, l'humanité, l'honnêteté publique, & la France. L'année 1762 annonçoit l'importante ſolemnité d'un jubilé ſéculaire; les plus ſomptueux (1) préparatifs promettoient un nouvel éclat à la cérémonie; des invitations imprimées, répandues dans tout le Languedoc & les Provinces voiſines, appelloient de toutes parts les peuples à Toulouſe; une nouvelle ſource de (2) graces venoit d'être ouverte aux Fideles qui célébreroient avec zèle la ſolemnité ſainte : & c'étoit dans ce moment que les imaginations ardentes de ce peuple ſoulevé, pour mieux honorer le grand

(1) On avoit commandé dès les premiers temps de l'année 1761 de riches étoffes d'or à Lyon pour de nouveaux ornemens.

(2) Bulle du Pape obtenue pour l'année 1762, qui accorde les indulgences les plus vaſtes à ceux qui célébreront la fête. On s'aſſure, ſuivant les Mémoires qui nous ſont remis, que cette Bulle exceptoit ſeulement les péchés exceptés dans une autre Bulle, qui ne doit pas même être nommée en France, & qui ſe citoit ainſi hautement dans Toulouſe.

jour, le jour féculaire, plaçoient d'un côté le Mausolée du fils, de l'autre l'échaffaut du pere !

Enfin, comme pour réunir contre les malheureux Calas tous les égaremens de la superstition, toutes les noirceurs de la haine, n'alla-t-on pas jusqu'à calomnier pour la seconde fois en cette affaire une Communion toute entiere, jusqu'à accuser la Religion Protestante, cette Religion tolérante par essence, d'autoriser les peres à prévenir par l'assassinat de leurs enfans le déplaisir de leurs abjurations? Non, jamais la Postérité (car ce Procès, monument de Fanatisme & de honte, passera jusqu'à elle), non, jamais la Postérité ne pourra croire que dans une ville où l'esprit naturel & l'amour des lettres sembloient devoir venger la raison, on ait pu l'avilir au point d'imputer à une Communion chrétienne d'aussi abominables maximes. Et cependant ce ne furent pas de vaines déclamations étouffées en naissant par leur absurdité même. On fit de cette imputation l'objet sérieux des terreurs du peuple, des assertions des gens éclairés, des interrogats des Juges; un ouvrage imprimé sous le nom *d'observations*, osa prêter ces horreurs comme un point de dogme à l'institution chrétienne de Calvin, dont on citoit la page, aux leçons de Geneve, aux prédications des Ministres.

Il fallut que l'un (1) d'eux combattît par une réponse imprimée ces misérables calomnies. Il fallut que le Consistoire & l'Académie de (2) Geneve, avec cette compassion qu'on a pour les enfans & les insensés, s'assemblassent solemnellement pour attester à la ville de Toulouse qu'un Chrétien ne se croit point en droit d'en assassiner un autre parce qu'il admet d'autres dogmes que les siens. Tant l'exécrable délire d'un aveugle Fanatisme avoit emporté au loin tous les esprits! Tant une prévention envenimée avoit employé de ressorts pour susciter par le soulevement populaire quelques preuves contre des Accusés, que même sans aucunes preuves elle avoit d'avance condamnés à la mort !

Qui n'eût cru que parmi tant d'agitations & de fureurs il se seroit trouvé des témoins enflammés d'un zèle aveugle, & peut-être se trompant les premiers eux-mêmes, qui auroient porté contre ces infortunés d'accablans témoignages ? Mais telle fut la pureté de leur vie, tels furent encore les

(1) Ce fut le Ministre Paul Rabot, dont l'écrit fut condamné aux flammes, & se brûloit au Palais, précisément pour le moment où Calas pere y fut conduit pour son dernier interrogatoire.

(2) A Geneve, suivant les Loix, le changement de Religion n'est pas même une cause d'exhérédation.

droits de la vérité si obscurcie par les passions les plus violentes, que de l'amas impur de tous ces oui-dire, de tous ces rapports grossis par la légéreté, la préoccupation, & la calomnie, il ne résulta pas un seul fait qui pût faire offrir contre eux une charge raisonnable. Quelle justification que celle qui n'a pu être entamée par les préventions d'un Tribunal, les déclamations de tant de gens ou trompés ou intéressés à tromper, les emportemens & les passions d'une populace forcenée, & d'une Capitale entiere! Quelle innocence que celle qui a pu ne pas succomber sous de si terribles attaques!

CINQUIEME PREUVE.

Tous moyens de défense ont été ôtés aux Accusés: tout ce qui pouvoit leur nuire a été employé contre eux, sans cependant qu'il en soit résulté aucunes charges.

Que d'ennemis les malheureux Calas ont eu à combattre à la fois! Ce monstre odieux dont nous n'avons que foiblement rendu les violens efforts, le Fanatisme, n'étoit pas peut-être le plus redoutable qui préparât leur supplice.

Un esprit d'irrégularité extrême, fruit d'une prévention

prévention aveugle, un oubli absolu des regles lorsqu'elles pouvoient les défendre, une extension arbitraire de ces mêmes regles quand elles pouvoient leur nuire, une affectation odieuse à leur tendre des piéges, à rassembler contre eux les effets du hasard même; voilà ce que présente aux regards les moins attentifs l'ensemble de cette procédure révoltante. Ne craignons pas de nous livrer à des détails, l'intérêt général de l'humanité les soutient; le seul intérêt d'un innocent à venger suffiroit pour les annoblir & les recommander à nos Juges.

Et d'abord que convenoit-il de faire pour assurer la défense des Calas? & l'a-t-on observé?

1°. Il falloit dresser *sur le champ*, *& sans déplacer*, Procès-verbal de l'*état* du cadavre, du *lieu* où il avoit été trouvé, & de *tout ce qui pouvoit servir pour la décharge ou la conviction*; l'Ordonnance y est formelle (1). On n'en a rien fait; le Procès-verbal a même été rédigé à l'Hôtel-de-Ville; il porte date du 13 Octobre, & renferme cependant un rapport des Médecin & Chirurgiens, daté du 14; ce qui prouve manifestement qu'on a voulu, en mettant la date du 13, faire

(1) Ordonnance de 1670, tit. 4, art. premier.

entendre que le Procés-verbal fut rédigé le 13 au soir dans la maison même. Les Accusés ont donné Requête pour s'inscrire en faux contre le Procès-verbal du Capitoul ; pour toute réponse on a interdit le Procureur pour trois mois.

2°. On devoit rendre compte de la chevelure du mort non dérangée, du linge non déchiré ni chiffonné, des habits nullement en désordre, de la douleur des parens, de leurs larmes, de leurs cris, &c. Tous ces points importans ont été omis, & la derniere de ces omissions a donné lieu sans doute à la calomnie du témoin Perés, qui osoit accuser le pere de se parer faussement d'une douleur que ses propres actions avoient démentie.

3°. On devoit décrire les papiers trouvés dans les poches de Marc-Antoine, sans les qualifier vaguement de papiers *inutiles*, parce que ce qu'on auroit cru d'abord le plus *inutile*, pouvoit répandre ensuite la plus grande lumiere sur l'instruction ; il falloit du moins les parapher, les annexer, les sceller. Ces précautions légales, l'affaire d'un moment, ont encore été violées : violation volontaire, là où il s'agissoit du salut de cinq Citoyens! violation d'autant plus criminelle, qu'elle a préparé aux Accusés les tourmens & la mort!

4°. Il falloit du moins ne pas laisser traîner,

exposés à toutes sortes de mains ; la corde & le billot, instrumens de la mort de Marc-Antoine ; cependant on les laisse négligemment dans le magasin pendant trois jours : ce n'est que le 16 Octobre qu'on se souvient qu'ils existent, qu'on va ramasser ce billot & cette corde, dont on a voulu ensuite contester & calculer si irréguliérement la longueur.

5°. On devoit visiter toute la maison, pour y chercher des assassins cachés, ou tous autres éclaircissemens qui auroient pu conduire à la conviction. On le devoit d'autant plus, qu'il y a au fond de la cour un grand corps de logis qu'on n'aborde que par l'allée des sieurs Calas, & qui est occupé par un seul locataire étranger, vieillard sans famille & sans enfans. Or, qui nous répondra que cet édifice, presque désert, ne cachoit pas des assassins du dehors, sur-tout quand un témoin dépose avoir entendu crier, AU VOLEUR, ON M'ÉTRANGLE ; sur-tout encore quand on considere que l'or publiquement cherché ce jour-là même par Marc-Antoine pour de l'argent, fut vu par bien des gens, & ne se retrouva jamais ? Quoi qu'il en soit de cette conjecture, (que l'humanité s'empresse avidement de saisir pour rejetter de plus grands crimes) quel reproche contre cet ardent Capitoul, de s'être rendu coupable d'une inobſervation ſi grave, ſi terrible dans ſes ſuites; inobſervation qu'il a vainement voulu réparer, en faiſant faire cette viſite trois jours après, c'eſt-à-dire dans un temps où il ne lui étoit plus poſſible de remplir le vœu de la Juſtice & des Loix!

6°. Le rapport ſur la nature des alimens & ſur la digeſtion de Marc-Antoine, étoit pleinement du reſſort des Médecins, ſur-tout lorſqu'on vouloit inférer d'un rapport ſi délicat, la fauſſeté d'un fait ſoutenu par les cinq Accuſés, & conclure de cette fauſſeté prétendue qu'ils étoient des coupables. Dans les cas les plus ordinaires, la Loi (1) veut que des Médecins ſoient appellés. On les appella même ici, pour conſtater l'état extérieur du cadavre; & lorſqu'il s'agit de décider par l'état des alimens, ſi Marc-Antoine a ſoupé ou non avec les Accuſés, il ſemble qu'on fuie les lumieres de ces Maîtres de l'Art; c'eſt au Chirurgien Lamarque, à cet homme d'une ignorance prouvée au Procès, que ce Capitoul confie une diſſertation ſi importante, dont le réſultat pouvoit avoir, aura eu peut-être ſur l'eſprit de quelqu'un des Juges les plus terribles conſéquences.

7°. On déclare dans le Procès-verbal que les

(1) Ordonnance Criminelle, Tit. 5, art. premier.

Accusés furent conduits à l'Hôtel-de-Ville *pour y prendre des éclairciſſemens* ; mais ces *éclairciſſemens* ne pouvoient-ils pas ſe prendre bien plus ſûrement dans la maiſon même, où l'on avoit ſous les yeux le cadavre, le lieu, les circonſtances du fait, les perſonnes raſſemblées ? Dès qu'on ne les conduiſoit à l'Hôtel-de-Ville que pour prendre des *éclairciſſemens*, ils n'étoient donc pas, du propre aveu des Juges, dans le cas de la *clameur publique* ; & cependant on excite cette clameur même, en leur faiſant traverſer au milieu de tout le peuple une très-longue rue, environnés de Soldats, & à la ſuite du cadavre, comme on conduit des coupables.

8°. Arrivés à l'Hôtel-de-Ville, on leur fait des queſtions d'office, pour donner aux Capitouls les *éclairciſſemens* qu'ils ſouhaitoient ; & à l'inſtant, quoique leurs réponſes ne les chargeaſſent en rien, quoiqu'il ne fût rien ſurvenu du dehors à leur charge, on les empriſonne, on les met dans des cachots, ſans qu'il y eût contre eux ni information ni décret. David forme ſur le champ le titre de l'accuſation ; & cette accuſation..... c'eſt d'un parricide.

On empriſonne pareillement le ſieur Lavayſſe & la Servante, par ſimple voie d'*arreſtation* &

d'*écroue*, ſans aucun décret, ſans qu'il y eût aucune charge, aucun ſoupçon raiſonnable contre eux. L'on affecte, en ne les jugeant pas les premiers, de priver les Accuſés de deux témoins qui étoient pour eux deux témoins néceſſaires, & qui, abſous d'abord (comme ils devoient l'être), n'en auroient été que des témoins plus reſpectables; au lieu qu'ils ne ſont aujourd'hui que des témoins tardifs, qui ne peuvent plus dépoſer ſur Calas que pour exciter à jamais nos regrets.

Mais, que de telles fautes n'excitent pas d'abord une indignation trop vive! Ce ne ſont encore que des fautes légeres auprès de toutes celles que nous allons rapidement tracer, & qui montreront juſqu'à quels excès ſe ſont portées la prévention & l'injuſtice qui aveugloient les premiers Juges.

La plus grave de toutes ces fautes, celle qui a principalement élevé l'échaffaut du malheureux Calas, ç'a été d'inſtruire continuellement dans l'hypothèſe du parricide commis ſur Marc-Antoine, & d'écarter toute idée de ſuicide, ou d'aſſaſſinat par des étrangers. La Loi, le ſentiment intérieur de l'équité, le cri même de la Nature, interdiſoient cependant à ces Juges une prévention ſi fatale. Le rapport de leurs Médecin & Chirurgiens les ramenoit néceſſairement à la poſſibilité des trois cas; car ce rapport déclaroit que Marc-Antoine AVOIT ÉTÉ PENDU VIVANT *par lui-même ou par d'autres.* Mais rien ne les arrête. Ils écartent ce rapport, ils rejettent ce qu'il renferme; & ne consultant que leur opinion cruelle, ils dirigent leurs informations, leurs opérations, leur Monitoire, leur enterrement de Marc-Antoine, leur conduite envers les Accusés, tout le Procès enfin, sur le fait certain dans leurs esprits, que le jeune Lavaysse & la Servante sont les complices, ou tout au moins les fauteurs d'un crime horrible; que le pere, la mere & le frere sont des parricides.

De-là, comme d'une source empoisonnée, combien ont découlé d'injustices qu'on expie peut-être en secret aujourd'hui par des larmes ameres! La surprise, les artifices, les vaines & insidieuses terreurs, les traitemens inhumains; tout est permis, se seront-ils dit, pour convaincre de tels coupables, pour venger la Religion & la Nature!

Et aussi-tôt on présuppose aux Accusés, comme prouvés, des faits qui ne l'étoient nullement, qui même n'avoient ni raison ni vraisemblance. On leur impute d'avoir envoyé les Demoiselles Calas à la campagne, pour commettre plus sûrement le crime. On veut qu'ils ayent fait une fosse dans leur cave (1). On prétend qu'un *piton* (2) trouvé à la voûte de la cave, a servi à suspendre Marc-Antoine. On débite & l'on fait débiter que des personnes ont VU MONTER le cadavre de la cave au magasin, pendant que par une calomnie toute contradictoire, on veut que Marc-Antoine ait été entendu criant dans le magasin : « *Ah! mon Dieu, » au meurtre, on m'étrangle!* » On veut que la Servante ait dit, en marchant à l'Hôtel-de-Ville : « Je l'avois bien averti de ne pas souper à la mai- » son; s'il m'avoit crue, cela ne seroit pas arrivé ».

(1) Nous sommes instruits que quelqu'un ose renouveller encore dans Paris cette calomnie & d'autres semblables, que même, pour y donner plus de poids, il se cite comme ayant des connoissances personnelles; nous sommons quelqu'un, quel qu'il soit, ou tous autres qui tiendroient, soit sourdement, soit publiquement, des discours de ce genre, de faire remettre à M. le Rapporteur, ou aux Défenseurs des Calas, une déclaration signée d'eux des faits dont ils se diront bien certains, ce qu'ils ne doivent pas craindre de faire, dès-là qu'ils prétendront avoir une connoissance personnelle, qui *les exemptera en Justice de toute action de calomnie*; que s'ils n'osent accepter ce défi, nous les conjurons de réfléchir quel nom méritent une conduite qu'on n'ose soutenir, des allégations qu'on n'ose souscrire; nous les prions de considérer que le véritable honneur d'une Nation est que des innocens soient absous & vengés, & qu'on la deshonore bien plus en y supposant trop légérement le plus affreux des crimes.

(2) Espece de clou dont la tête est percée annulairement.

On détaille, on développe la prétendue délibération tenue pour l'aſſaſſinat. Par une noirceur plus profonde, on affecte de déſigner dans le Procès-verbal, ſous le nom *d'une eſpece d'Abbé* (pour dire un Miniſtre), le ſieur Cazeing, gros Marchand de Toulouſe, parfaitement connu du Capitoul David qui lui donnoit cette indication, & dans la maiſon duquel on plaçoit l'aſſemblée. On avoit, dans le Monitoire, fait *mettre Marc-Antoine Calas à genoux.* Dans un *intendit* du Procureur du Roi on change cette attitude trop ſuppliante, & on le *fait aſſeoir ou coucher ſur deux chaiſes.* On commence par ſuppoſer aux Accuſés, qu'il eſt prouvé que la corde a été coupée; & de-là on veut faire naître des contradictions entre eux ſur ce qu'ils ont répondu comme ſi elle l'avoit été. On fait dire au jeune Lavayſſe par ſon propre pere (qu'on trompe le premier) qu'*il y a des charges plus que ſuffiſantes contre les Calas, & qu'il ne doit plus penſer qu'à conſerver ſa vie*: tous faits dont il n'y avoit & n'y a jamais eu la plus légere charge au Procès; toutes inventions qui annoncent juſqu'où le délire de la prévention peut entraîner les hommes, une fois qu'ils ſe ſont écartés des voies que la Loi & la Juſtice ont tracées à leur foibleſſe.

Combien d'autres ressources plus odieuses encore on employa pour tromper ces Accusés, pour soulever une vile populace contre eux, pour susciter quelque déposition du milieu de ces têtes échauffées par des mouvemens & des spectacles destinés à les faire regarder comme coupables !

Ne savez-vous pas, dit affirmativement un Capitoul à la Dame Calas dans un interrogatoire, *qu'un pere est le juge souverain de la religion de son fils ?* pour tirer de cette question proposée comme axiome, quelqu'approbation de sa part, d'où l'on pût violemment conclure qu'elle avoit consenti à l'assassinat du sien. Et quand Pierre Calas son fils céda, ou crut céder aux attaques de quatre Théologiens qu'on avoit envoyés pour changer sa croyance, n'eût-on pas l'inhumanité d'obliger un Ministre de charité & de paix de conduire le fils à la mere, parce qu'on attendoit du déplaisir que lui donneroit cette nouvelle, le perfide secours de quelqu'argument de parité contre cette vertueuse mere (1), de quelqu'indice de sa conduite envers son fils Marc-Antoine ? Ainsi, la Religion même, cette fidele consolatrice des mal-

(1) La modération de cette respectable mere mit en défaut ce rafinement de persécution ; elle écouta paisiblement son fils, & sans lui dire un seul mot, elle tourna la tête.

heureux, étoit employée à tendre des piéges à la Nature!

Ne fut-ce pas aussi dans le même esprit d'obtenir un succès quel qu'il fût, que le Capitoul David s'inclinant vers le jeune Lavaysse, lui conseilla à voix basse d'écrire (1) à son pere des Lettres, qu'il s'offrit de porter, & qu'il garda? Heureux du moins, si la naïveté, si la vérité de ces Lettres eussent dissipé cette prévention funeste qui l'entraînoit à une violation si honteuse!

Ne le vit-on pas encore, pour ranimer le Fanatisme languissant, insinuer que les Accusés méditoient leur évasion; affecter des mouvemens empressés, redoubler les gardes, placer des lanternes sur le *couvert* des prisons, faire attacher au corps-de-garde une cloche qui répondoit à la chambre du Geolier; toutes précautions d'après lesquelles

(1) L'on m'avoit fait descendre au Consistoire pour subir un de mes interrogatoires. Le sieur David étoit chargé de le recevoir; il me fit asseoir à son côté, *& se penchant sur moi, il me dit à l'oreille* que si j'avois quelque lettre ou billet à faire tenir à mes pareus, il se feroit un plaisir de s'en charger. Je saisis avec joie cette facilité, j'écrivis *très-souvent* à mon pere. Le sieur David, QUI RETENOIT MES LETTRES, n'avoit garde de m'apporter aucune réponse. J'étois loin de soupçonner une pareille infidélité; mais ce qui m'a toujonrs étonné, c'est que malgré les assurances que je donnois à mon pere de l'innocence des Calas, ce Capitoul n'ait jamais rien perdu de la prévention qu'il avoit contre eux. *Mém. du jeune Lavaysse, page 11.*

l'imbécille vulgaire s'écrioit : *Ils sont donc convaincus, ils vont donc être envoyés au supplice ?*

N'affectoit-on pas aussi, toujours dans les mêmes vues, de répandre que les Accusés avoient tenté plusieurs fois de se défaire; qu'on avoit voulu empoisonner l'un d'eux dans ses alimens ? Ces bruits abominables n'acquirent-ils pas une telle consistance, qu'un jour la Servante étant tombée en foiblesse & sans connoissance, on répandit à l'instant qu'elle étoit morte, qu'on venoit de trouver du poison dans son estomac; nouvelle qui pénétra sur le champ à la Tournelle, dont les Magistrats, alors en séance, la saisirent avidement, & députerent le Commissaire des Prisons, l'un d'eux, pour s'en assurer davantage ?

Indomptable prévention ! l'un des plus grands crimes des hommes, & l'un des plus impunis ! Sous quelles faces nous l'allons voir se reproduire ! Quels autres ressorts elle va faire jouer encore pour s'assurer son coupable triomphe ! Nulles regles ne la contiennent, nulles bienséances ne la moderent, nuls sentimens d'humanité ne la fléchissent, nulles formes ne l'arrêtent, nulles inquiétudes sur l'avenir ne l'effraient. David a dit : « Les Calas sont coupables », il faut que ses Collegues, que ses Compatriotes, le Parlement, la

France entiere les jugent coupables: il faut que lui ſeul ait la gloire d'en ſuſciter, d'en raſſembler les preuves.

S'AGIT-IL d'entraîner le peuple par la pompe d'un culte religieux qui lui préſente un Saint à invoquer, un Martyr à venger? Auſſi-tôt le Procureur du Roi préſente une Requête pour faire enterrer le cadavre, *attendu* (dit-il) *qu'une foule de motifs en rendoient l'enterrement néceſſaire*, ſans néanmoins expoſer aucun de ces motifs; & l'on répand dans le Public que ce cadavre exhaloit une infection dangereuſe, tandis qu'au contraire on l'avoit embaumé, conſervé dans de la chaux vive, & qu'on n'étoit encore qu'au 6 Novembre, qu'au vingt-quatrieme jour de l'accuſation.

En vain le ſage Curé de Saint Etienne réſiſte à cet enterrement, en vain il en repréſente les dangers, on l'aſſure qu'il n'y en a aucun; que cet hommage eſt dû au vertueux Marc-Antoine, aſſaſſiné en haine de ſa converſion; que l'inſtruction établit *clair comme le jour* qu'il devoit inceſſamment faire abjuration.

Les Capitouls aſſemblés en plein Conſiſtoire, pouvoient rejetter cette demande; on prend, pour la préſenter, le moment où ſe trouvent ſeuls les ſieurs David & Chirac, Capitouls, & deux Aſſeſſeurs, Officiers que les Capitouls ont droit de deſtituer arbitrairement, & dont les ſuffrages ſe trouvent ainſi dans une ſorte de dépendance.

La Chambre des Vacations infirmera ſans doute l'Ordonnance qu'ils rendent : quel parti prendre pour parer à ce danger ? Celui de violer la Loi, celui de ne pas communiquer la Sentence à cette Chambre, & l'on prend à la hâte le conſentement verbal de deux Magiſtrats qui la préſident.

Enfin quand on a franchi tous ces obſtacles, on regarde comme un coup déciſif de frapper le Peuple par un enterrement pompeux, qui puiſſe augmenter ſa chaleur, fortifier ſes préjugés, encourager ſes conjectures & ſes diſcours. On choiſit le jour du Dimanche, l'heure de trois heures. On ajoute à la marche pompeuſe de cinquante Prêtres, l'aſſiſtance impoſante des Pénitens blancs, qui comptent pluſieurs Magiſtrats parmi leurs Membres, qui ne vont jamais à aucuns enterremens qu'à ceux de leurs Confreres, & l'on étale enfin ces fêtes meurtrieres dont nous avons tracé plus haut les terribles effets.

S'AGIT-IL d'avoir un Rapporteur qu'on puiſſe croire plus favorable à l'accuſation qu'aux Accuſés ? M. Monier, Aſſeſſeur, qui avoit aſſiſté à toute la procédure, qui se trouvoit chargé du rapport, est écarté; on lui suscite une contestation (1) humiliante, dans laquelle il remporte à la vérité l'avantage, mais qui le met dans le cas de s'abstenir par délicatesse, d'un rapport & même d'un jugement sur lequel on avoit osé offenser sa droiture.

Les familles des Accusés, & le peu qui restoit de Citoyens non prévenus, espéroient du moins qu'on feroit entendre en déposition ceux qui, par le résultat des informations, paroissoient devoir parler à la décharge de ces infortunés. Vain espoir dans une instruction où l'aveuglement dirigeoit tous les actes! On ne fit entendre ni le sieur Billiere, qui auroit démenti la Dolmiere, ni le sieur Bou, sa femme & ses Garçons, qui auroient démenti l'imposteur Cazeres; ni le sieur Bernardon, qui auroit confondu le nommé Mandement; ni

(1) On lui reprocha d'avoir donné des communications aux familles des Accusés; il rendit plainte de cette calomnie contre celui qui en étoit l'auteur: un Magistrat supérieur arrangea l'affaire, son accusateur lui fit des excuses; le sieur Monier, par honneur pour lui-même, fit le rapport pendant une premiere séance, & se déporta ensuite du rapport & même du jugement.

C'est ainsi que M. de la Salle, Conseiller, pour avoir témoigné, en conversation seulement, sa répugnance à croire facilement un parricide, s'est abstenu du jugement. Pourquoi faut-il que la méchanceté soit si active, & la vertu si circonspecte & si paisible?

le sieur Biénaise, qui auroit détruit la déposition de Terrery, son Commis; ni le sieur Maisons, qui auroit fixé avec précision la valeur de celles de ses deux Garçons; ni le témoin indiqué par Me Challier dans sa déposition, ni le sieur Teissier, Secrétaire de M. le premier Président, qui par une longue amitié connoissoit mieux que personne l'intérieur de la famille Calas, les dispositions de M. A. celles de ses parens, ni M. de la Motte, Conseiller au Parlement de Toulouse, qui auroit attesté le Protestantisme ferme du mort, & les bontés du pere lors de la conversion de Louis; ni le propre Curé de Marc-Antoine, qui auroit déposé sur le certificat de Catholicité refusé par lui, sur le défaut de connoissance & de préparatifs de sa part pour la prétendue abjuration prochaine, en un mot, sur tous les faits relatifs à son ministere, desquels auroient résulté de nouveaux secours pour l'innocence.

Mais en revanche, tout ce que la surprise, la duplicité, l'oppression, la terreur peuvent susciter contre des Accusés, fut mis cruellement en œuvre au nom des premiers Juges.

On alla jusqu'à donner pour compagne de prison & de lit à la Servante des Calas, une misérable condamnée au fouet & au bannissement, qui

qui voulut se faire valoir par une déposition capitale, & qui étant selon les Loix incapable de la faire entendre elle-même, la fit proférer par la bouche de sa mere; déposition que David adopta bien vite, mais que la Tournelle plus équitable réprouva hautement, en empêchant que la mere de cette malheureuse fût ni recolée ni confrontée.

Et voyant que malgré tant de mouvemens, les charges rendoient si peu contre les Accusés, il s'écrioit avec un air d'emportement & de douleur; « *vous verrez que nous serons obligés de faire le » procès au cadavre!* » Discours bien digne d'un homme qui, honoré du caractere de Juge, se dégradoit jusqu'à dire avec le langage d'un questionnaire: « *Je vois qu'il leur en coûtera quelques » tours de question, qui à coup sûr feront ruisseler » le sang* ».

Ce furent ces emportemens qui, le mettant hors de lui-même, l'empêcherent de faire faire régulierement les confrontations.

Mais de-là une nouvelle violation de l'ordre public & de la Loi; car les premiers Juges ayant déclaré ces confrontations nulles, en ayant ordonné de nouvelles, quel fut celui qui osa y présider encore? Ce même David à qui la Loi défendoit de les faire.

Ne fut-ce pas lui aussi qui seul avec Me. Chirac (ce Capitoul qui avoit comme lui concerté l'enterrement fatal) opina dès le 18 Novembre à ce que le pere fût rompu, la mere & le fils pendus, Lavaysse & la Servante bannis; quoique le rapport (1) même, si peu attendu par lui, eût été à ce que les *Accusés fussent relaxés*; quoique la Sentence, *long-temps débattue*, *se réduisît à la question;* quoique la Tournelle enfin ne vît lieu qu'à ordonner une continuation d'information, là où cet homme de sang osoit déja opiner à la mort.

N'imagina-t-il pas de son chef contre le jeune Lavaysse & la Servante, la singuliere formule qu'ils seroient *présentés* à la question, formule que la Tournelle proscrivit par le premier de ses Arrêts, en défendant expressément aux Capitouls d'employer à l'avenir des prononciations semblables?

Enfin, malgré l'appel des Accusés, qui les affranchissoit de la Jurisdiction des Capitouls, ne le vit-on pas avec le Procureur du Roi, leur faire mettre aussi-tôt les fers aux pieds, comme pour les punir d'avoir appellé, & rassassier ses yeux de ce spectacle cruel, sans que le pere du sieur La-

(1) Il fut fait par Me Carbonnel Assesseur, successeur de Me Monier dans ce rapport.

vayſſe pût obtenir qu'on les lui ôtât, en offrant de payer à ſes frais autant de Soldats qu'on en voudroit ordonner pour ſa garde ?

Le ſort des Accuſés ne fut pas plus heureux ſur l'appel. L'opinion qu'ils étoient coupables, cette opinion terrible dont le ſieur David fut le principal artiſan, les ſuivit devant leurs nouveaux Juges, & excita fortement une rigueur qu'ils ne regardoient ſans doute que comme un acte de devoir & de juſtice. A quelle autre cauſe en effet, qu'à cette opinion trop promptement priſe, attribuerions-nous la précipitation extrême, d'avoir mis ſur le Bureau dès le 5 Décembre le Procès à juger pour le fond, lorſqu'il n'y avoit pas même aſſez de Juges (1) de Tournelle à Toulouſe pour faire Arrêt, lorſque l'appel même du Monitoire étoit pendant en la Grand'Chambre ? Ainſi, par le plus affligeant contraſte, dans l'un des Tribunaux, des voix condamnoient déja Calas à la roue ; dans l'autre il propoſoit des moyens pour faire tomber l'odieux Monitoire, & toute l'inſtruction avec lui ! Par quelle fatalité l'Avocat qui s'étoit chargé de plaider l'appel comme d'abus, ne ſe préſenta-

(1) On fut obligé d'aller au Bureau de la Grand'Chambre, où ſe trouva ſeul [n'y ayant alors aucun travail] un Conſeiller qu'on amena à la Tournelle, & qui n'opina certainement pas pour les Accuſés.

t-il point, & comment une Cause si belle resta-t-elle sans défenseur? Pourquoi trois des Juges ne se recusoient-ils pas, (1) deux pour avoir approuvé l'Ordonnance d'enterrement, qui écartoit toute idée de suicide, qui donnoit évidemment à la mort de Marc-Antoine la prochaine abjuration pour cause; l'un d'eux encore pour avoir dit aux filles du sieur Calas, qui sollicitoient sa justice pour leur pere, *vous n'avez plus d'autre pere que Dieu*; le troisieme (qui dès l'Arrêt du 5 Décembre avoit déja opiné à mort), pour s'être plaint plusieurs fois, & notamment dans une grande assemblée, que son avis n'eût pas été suivi, quoique dès-lors Calas pere fût, disoit-il, suffisamment convaincu de parricide? N'étoit-ce pas là des causes graves de récusation? Et comment de leur propre mouvement ces Magistrats ne s'y rendoient-ils pas, si ce n'est que parce que les profonds artifices de David leur avoient persuadé qu'il s'agissoit bien moins de juger les Calas coupables, que de leur arracher l'aveu de leur crime?

Au moins la ressource de présenter des récusa-

(1) Ce ne fut pas ainsi qu'en agit le vertueux M. de Lasalle, qui, pour avoir parlé en conversation dans des termes qui annonçoient de sa part une extrême difficulté à croire les Accusés coupables, se crut obligé (trop délicatement peut-être) de se recuser, & les priva ainsi d'un suffrage qui eût été si puissant & si respectable.

tions appartenoit-elle de droit aux malheureux Accusés, sauf à rejetter ces récusations, si on les eût trouvé mal fondées. Mais après l'interdiction de trois mois prononcée contre le Procureur qui avoit donné pour eux une Requête d'inscription de faux, comment en donner une de récusation contre trois premiers Magistrats ? On la dresse néanmoins cette Requête si importante pour les sauver ; mais on exige que la famille apporte un pouvoir spécial : & le malheureux pere, privé de toute communication, de tout secours humain, environné de Soldats, est mort dans les tourmens, sans sçavoir qu'il avoit eu le pouvoir de s'y soustraire en récusant trois de ses Juges !

Daigna-t-on même l'entendre par la bouche de ses enfans, lorsqu'ils proposerent pour lui les *faits justificatifs* les plus frappans, les plus concluans, les plus propres à dessiller les yeux ? Fit-on quelque attention à ces déclarations authentiques que fit imprimer Louis son fils, pour désavouer hautement les impostures qu'on appuyoit de son nom, pour attester solemnellement aux Juges la tendresse & les bienfaits d'un pere ? Non, on ne l'écouta point ; & ces faits qui nous touchent si fort aujourd'hui, qui portent une pleine conviction dans nos esprits, qui vengent l'outrage de la nature, parurent alors de vains ſubterfuges haſardés pour un coupable dont on veut éloigner le ſupplice ?

Ce ſupplice même, plus cruel peut-être pour un accuſé à concevoir qu'à ſouffrir, ne le porta-t-on pas dans l'ame de Calas avant de le condamner ? Ce malheureux vieillard ne fut-il pas glacé d'épouvante & d'horreur, quand on lui fit traverſer avant ſon Jugement la Place du Palais, couverte en ce moment de Soldats, de Bourreaux, de feux (1), & de tout l'appareil d'une exécution menaçante ? Qu'à cette vue il ſe fût regardé comme la proie certaine des flammes, & que par un mouvement involontaire de la nature effrayée, il ſe fût avoué coupable, comme on l'avoue ſi ſouvent dans les douleurs de la queſtion, on eût crié de toutes parts à la conviction ; le nom de Calas devenoit le nom du crime même ; le Capitoul David étoit un Héros populaire, le vengeur de la Religion de ſon Pays ; la Nature étoit ſouillée d'un affreux parricide ; & toutefois cette confeſſion arrachée par tant de perſécutions, qu'au-

(1) On brûloit alors la Lettre imprimée du Miniſtre Paul Rabot, qui défendoit ſa Communion du reproche d'autoriſer l'aſſaſſinat des enfans en haine de leur converſion. On avoit diſpoſé cette exécution avec beaucoup d'éclat, & l'heure s'en trouva être préciſément celle où l'on ſavoit que Calas devoit traverſer la place pour être conduit à ſon dernier interrogatoire.

roit-elle été qu'un crime de plus pour leur auteur ? Mais si l'inviolable vérité lui défendit cet aveu, du moins cette vue cruelle des flammes & des Bourreaux troubla sa raison, obscurcit ses facultés, étouffa sa défense : il ne put que bégayer devant ses Juges sur chacune de leurs questions, *je suis innocent* : défense trop foible contre un si grand crime ; embarras qui aura peut-être suffi pour décider contre lui quelques voix incertaines, n'eût-ce été que cette voix prépondérante, voix fatale qui forma l'Arrêt de son supplice !

Et voilà par quel art détestable, vainement coloré du desir de chercher la vérité, (car la vérité n'emploie que des moyens dignes d'elle) on trompa les derniers Juges ; on les associa, pour ainsi dire, aux excès d'un Capitoul furieux ; on les réduisit, trompés eux-mêmes, à consacrer ses erreurs !

La condamnation du malheureux Calas ne fut pas pour le sieur David le terme de sa prévention insensée. Il lui falloit encore d'autres victimes. Pour jetter dans l'ame des Accusés cette même terreur qui venoit de perdre le pere, on affecte de les reconduire aux prisons de l'Hôtel-de-Ville, qui sont celles des exécutions ; on leur cache l'Arrêt qui surseoit à leur Jugement ; on les laisse pendant un long-temps livrés aux craintes les plus ſiniſtres : pour les augmenter encore, on double leurs Gardes (1), on vient leur enlever avec un appareil de mort leurs couteaux, leurs meubles d'acier, & tout ce qui peut ſervir à un priſonnier à attenter ſur ſes jours ; on leur fait annoncer QU'ILS (2) SONT TOUS CONDAMNÉS ; & pendant qu'on porte ainſi dans leurs ames la certitude d'un ſupplice qui rend tout déguiſement ſuperflu, on épie leurs viſages, leurs diſcours, leurs ſoupirs, & juſqu'à leur ſilence ; on les épie ſur-tout dans ce moment redoutable, où leur ame abbatue reçoit pour dernier coup la nouvelle de la mort de Calas, où ils doivent enfin avouer un crime pour lequel on va, ſoit qu'ils le taiſent ou qu'ils l'avouent, les conduire à l'échaffaut. Mais leur conſcience pure les ſoutient victorieux ; innocens comme lui, ils vont mourir comme lui ; ils laiſſeront à leurs Juges l'éternel regret de leur

(1) Au lieu d'un Soldat de garde on en mit deux. Tous les priſonniers qui avoient la liberté de me voir fuyoient loin de moi. Je me crus perdu, *je ne doutai plus de ma condamnation.* Mém. du ſieur Lavayſſe, page 15.

(2) Le ſoir de l'exécution, [c'eſt à dire, plus de trente-ſix heures après l'Arrêt] un des Soldats de la Garde, nommé *Lapierre*, qui venoit d'aſſiſter au ſupplice du ſieur Calas, s'approcha de moi, & m'apprit cette affreuſe nouvelle. Il ajouta QUE NOUS AVIONS TOUS ÉTÉ CONDAMNÉS, & qu'on ne vouloit cependant nous faire périr QUE LES UNS APRÈS LES AUTRES, afin que notre mort fît une plus grande impreſſion ſur le Peuple. *Mémoire du ſieur Lavayſſe, page 16.*

mort, & persistent à soutenir constamment qu'ils n'ont point assassiné Marc-Antoine.

A cet instant seulement s'ouvrirent les yeux, couverts jusqu'alors d'une nuit profonde, la nuit de la prévention & de l'erreur. Ici seulement commence le triomphe de la vérité; triomphe tardif, acheté par le sang d'un innocent, par l'assassinat du plus respectable des peres. Et quelqu'un encore pourroit ne pas regarder comme démontrée une innocence, contre laquelle on a employé tant de mouvemens & de ressorts, contre laquelle on a entassé tant d'irrégularités & de manœuvres; une innocence qui a pu arracher par sa seule force un Arrêt d'absolution à des Juges assez généreux pour s'accuser ainsi en se combattant eux-mêmes! Mais s'il étoit encore un homme assez aveugle pour douter, qu'il paroisse, & qu'il vienne avec nous chercher une derniere preuve sur l'échaffaut de Calas.

SIXIEME PREUVE. *Heroïsme de la mort de Calas.*

C'est là, c'est sur ce siége d'ignominie & d'horreur que sont assises la vérité, la vertu, la paix, l'innocence. C'est là où nous appellons ceux qui répéteront encore : « Mais quoi, cet homme que vous défen- » dez avec tant de chaleur a été condamné par un » Parlement entier ? » Nous ne leur dirons pas: sept Juges seulement le condamnoient d'abord, dont trois étoient récusables ; & parmi les six qui l'absolvoient ou qui ne le condamnoient pas, deux avoient fait toute l'instruction du Parlement, toutes les auditions, toutes les confrontations ; ensorte que si la justice avoit eu un libre cours, si les récusations avoient pu être proposées, il obtenoit (1) une absolution éclatante. Nous ne leur dirons pas : jamais la Tournelle n'a pu, après dix assemblées, envoyer au Conseil du Roi *des motifs* pour défendre son Arrêt, devenu l'objet d'une réclamation universelle. Nous ne leur dirons pas enfin : l'Angleterre elle-même, où la vie des hommes est confiée à l'unanimité de douze Jurés, a vu condamner (2) à Oxford il y a peu d'années comme parricide un fils innocent, parce qu'il est plus facile que douze hommes prennent l'erreur pour l'évidence, que de voir un fils assassiner son pere, un pere égorger son fils : mais nous leur dirons pour toute réponse : « venez, montez sur cet échaffaut, & voyez si c'est ainsi que meurent les scélérats & les parricides ».

Quelle mort, grand Dieu, que la mort de Ca-

(1) Il auroit eu alors six voix pour lui, & quatre seulement contre lui.

(2) Le Théologien qui l'assistoit au supplice est encore vivant : on auroit la preuve juridique de cet événement si elle étoit nécessaire.

las ! Avec quel courage il souffre les douleurs d'une question cruelle, & répond à ses Juges : *où il n'y a point de crime, il n'y a point de complices !* Avec quelle grandeur, en même temps qu'il offre à Dieu le sacrifice de sa vie pour l'expiation de ses fautes, il refuse de remplir une amende honorable qui le supposeroit parricide ! Avec quel touchant attendrissement il répond au respectable consolateur qui le presse : *Et vous mon Pere aussi, vous pourriez croire qu'un pere eût voulu tuer son fils?* Quelle fermeté paisible en marchant au supplice ! Quelle tranquillité sublime en se voyant attacher sur le siége de ses tourmens. « Citoyens assemblés, se » seroit écrié alors un Fanatique voué à une mort » certaine : cessez de m'accuser & de me plaindre : » j'ai vengé l'injure de Dieu par la mort d'un per- » fide ; si l'amour de la vie m'a fait dissimuler cet » effort de mon zèle, j'abhorre cette lâcheté : je vais » l'expier de tout mon sang, je confesse hautement » une action que je ferois encore, & qui doit dans » quelques instans recevoir une ineffable récom- » pense ». Supposerons-nous au contraire (ce que David lui-même n'a osé supposer) un assassinat qui n'eût pas eu la Religion pour cause? Alors la désolation, les larmes, un lâche abbatement, des cris horribles, un affreux désespoir, auroient montré à tous les yeux un scélérat se détestant lui-même, & ravalé au-dessous du néant par la terreur de son supplice. Mais entendez le vertueux Calas, voyez comme il implore la bonté céleste, comme il conjure Dieu de ne point imputer sa mort à ses Juges; comment, en portant ses regards tendrement attachés vers le ciel, il s'éleve en esprit jusqu'à la Divinité, il compare son innocence à celle du Rédempteur, & s'écrie avant l'instant fatal qui termine sa vie : « *Je meurs inno-» cent; JESUS-CHRIST, l'innocence même, vou-» lut bien mourir par un plus cruel supplice. Dieu » punit sur moi le péché de ce malheureux qui s'est » défait lui-même : il le punit sur son frere & sur » ma femme. Il est juste, & j'adore ses châtimens : » mais, mon Pere, ce jeune étranger, cet enfant si » bien né .... comment la Providence l'a-t-elle en-» veloppé dans mon malheur* » ? En vain le fougueux David (1) s'élance sur l'échaffaut, & veut troubler la paix de ses derniers instans. Sa vue, plus cruelle que la mort, n'altere point la sérénité d'une ame qui se jette dans le sein de Dieu même.

(1) Trait d'autant plus horrible, que cet homme étoit étranger à l'exécution, qui ne regardoit que le sieur Goazé, Capitoul de semaine ! Outrage deshonorant pour l'humanité, & qui montre jusqu'où la violence de la passion a pu l'entraîner ! La Justice de Sa Majesté vient d'ordonner la destitution du sieur DAVID du Capitoulat par un Arrêt de son Conseil du présent mois de Février 1765, enregistré en l'Hôtel-de-Ville de Toulouse.

« *Malheureux*, lui crie cet acharné persécuteur, » *vois-tu ce bucher qui va réduire ton corps en* » *cendres? Dis la vérité* ». Et lui, le moins malheureux des deux, leve les yeux au ciel, détourne un peu la tête, regarde l'Exécuteur, qui s'avance & met fin à ses tourmens.

S'il est des cœurs qui puissent résister à de telles preuves, ce n'est pas pour eux que j'écris. Mais j'écris pour ces Magistrats vertueux, qui déja deux fois vengeurs des Calas, les vengeroient aujourd'hui pour la premiere fois à la vue d'une défense qu'ils trouvent toute entiere au-dedans d'eux-mêmes. J'écris pour montrer à un Sénat auguste combien les passions des premiers Juges l'ont trompé lui-même, & pour assurer ainsi ses propres vœux au succès de cette Cause importante, que défendent mieux que moi l'humanité & la nature. J'écris enfin pour convaincre de plus en plus ces ames généreuses de la France & des Nations étrangeres, qu'elles ont avec raison protégé une famille infortunée, & que le malheureux Calas ne pouvant être rappellé à la vie, on doit donner au moins une tendre admiration à ses vertus, une juste vengeance à sa mort, des secours à ses enfans, & des larmes à sa mémoire.

Monsieur DUPLEIX DE BACQUENCOURT, *Rapporteur.*

Me ELIE DE BEAUMONT, Avocat.

OYON, Procureur.

RAPPORT DES *MEDECIN* ET *CHIRURGIENS*, *du 14 Octobre 1761.*

NOUS JEAN-PIERRE LATOUR, Professeur Royal en Médecine, ordinaire de l'Hôtel-Dieu S. Jacques de cette Ville, & Nous JEAN-ANTOINE PEYRONNET & JEAN-PIERRE LAMARQUE, Maîtres en Chirurgie de la même Ville, certifions qu'ayant été requis ce matin 14 Octobre à minuit & demi ou environ, de nous transporter en la maison du sieur Calas, Marchand à la grande rue, pour visiter un Corps mort, & qu'ayant prêté serment dans ladite maison entre les mains de M. DAVID Capitoul pour procéder à cette visite, nous avons soigneusement examiné ce Corps, qui étoit encore un peu chaud, *que nous avons trouvé sans aucune blessure*, mais avec une marque livide au col, de l'étendue d'environ demi-pouce, en forme de cercle, qui se perdoit sur le derriere dans les cheveux, divisée en deux branches sur le haut de chaque côté du col; rendant de la morve & de la bave par le nez & par la bouche, & ayant la face livide: *ce qui nous a fait juger qu'il a été pendu encore vivant, par lui-même ou par d'autres*, avec une corde double qui s'est divisée sur les parties latérales du col, & y a formé les deux branches livides que nous avons dit y avoir observées. Ce que nous certifions véritable. En foi de quoi nous avont signé, &c.

ERRATA.

Page 32, lig. 19 & 29, ôtez, sans aucun intérêt, & *lisez* lig. 21, vous voulez, sans aucun intérêt.

www.ingramcontent.com/pod-product-compliance
Ingram Content Group UK Ltd.
Pitfield, Milton Keynes, MK11 3LW, UK
UKHW022123190726
13855UKWH00003B/1020